OEUVRES
COMPLETES
D'HELVÉTIUS.

TOME PREMIER.

Se vend
Chez Firmin Didot, Libraire,
rue de Thionville, n° 116.

OEUVRES
COMPLETES
D'HELVÉTIUS.

TOME PREMIER.

A PARIS,

DE L'IMPRIMERIE DE P. DIDOT L'AÎNÉ.

L'AN IIIe DE LA RÉPUBLIQUE.

1795.

AVERTISSEMENT

Sur cette Édition des OEuvres completes d'Helvétius.

Peu d'ouvrages ont été plus souvent réimprimés que ceux d'Helvétius : on a défiguré ceux qu'il avoit faits ; on lui en a donné qui ne lui appartenoient pas. Qu'importe aux libraires ? Le public achete ; cela leur suffit.

Le C. Didot l'aîné, qui fait autant d'honneur à son art par la beauté de ses éditions que par le soin qu'il met à rechercher les meilleurs textes des ouvrages qu'il imprime, est le seul qui, voulant enrichir la littérature d'un nouveau chef-d'œuvre de ses presses, ait consulté la famille d'Helvétius avant de donner une nouvelle édition de ses écrits. J'avois préparé depuis long-temps cette édition sur les manuscrits qui me furent légués, et qu'il ne m'a pas été possible jusqu'ici de mettre au jour, pour des raisons qu'il est inutile de détailler.

Le livre de l'Esprit a toujours été réimprimé avec les cartons que les persécuteurs d'Helvé-

AVERTISSEMENT.

tius obligerent ses amis d'insérer dans la premiere édition.

Le livre de l'Homme ne fut imprimé, après sa mort, que sur une copie envoyée, en 1767, à un savant de Nuremberg, qui devoit le traduire et le faire paroître d'abord en allemand; moyen qu'on avoit cru propre à épargner de nouvelles persécutions à l'auteur de la part de l'ancien despotisme. Le savant mourut avant d'avoir achevé sa traduction. L'on ne sait comment, sur cette copie, a été faite, en Hollande, la premiere édition de cet ouvrage, qui servit depuis aux éditions multipliées répandues en France et dans toute l'Europe, avec les fautes nombreuses qu'y ont encore ajoutées l'ignorance et l'avidité des contrefacteurs. Depuis l'envoi de cette copie en Allemagne, Helvétius avoit corrigé et perfectionné son ouvrage; beaucoup de notes en ont été retranchées ou fondues dans le texte; des chapitres entiers ont été refaits ou supprimés : c'est dans cet état, et tel qu'il me l'a laissé, que je le donne aujourd'hui au public.

Il me semble que les circonstances ne pouvoient être plus favorables au succès de cette nouvelle édition. La premiere partie du livre de l'Homme n'est qu'un développement des principes du livre de l'Esprit; la seconde partie, pleine de grandes vues législatives, nous paroît propre à ramener l'attention générale sur les vraies sources du bonheur public.

Au reste, je n'ai plus à prévenir les amis de la raison et de la saine philosophie sur les éloges que méritent les ouvrages d'Helvétius; les nombreuses éditions qui en ont été faites, toutes défectueuses qu'elles sont, démontrent assez qu'aucun philosophe n'a été plus lu, n'a révélé aux hommes pour leur bonheur de plus importantes vérités. J'en appelle à la jeunesse sans préjugés, qui aime à s'instruire, et pour laquelle seule Helvétius écrivoit.

LA ROCHE.

A Auteuil, ce 12 ventose, l'an 3e de la République.

ESSAI
SUR
LA VIE ET LES OUVRAGES
D'HELVÉTIUS.

CLAUDE-ADRIEN HELVÉTIUS naquit à Paris, au mois de janvier 1715, de Jean-Adrien Helvétius et de Gabrielle d'Armancourt. La famille des Helvétius, originaire du Palatinat, y fut persécutée du temps de la réforme, et s'établit en Hollande, où plusieurs d'entre eux ont possédé des emplois honorables. Le bisaïeul d'Helvétius, premier médecin des armées de la république, mérita qu'elle fît frapper des médailles en l'honneur des services qu'il lui avoit rendus. Le fils de cet homme illustre vint à Paris fort jeune. Il y fut connu sous le nom du médecin hollandais, et nous lui devons l'ipécacuanha : il avoit appris l'usage de cette racine d'un de ses parents, gouverneur de Batavia; il s'en servit avec beaucoup de succès à Paris et dans nos armées. Louis XIV, dont les graces étoient si souvent ce que doivent être les graces des rois, c'est-à-dire des récompenses, lui donna des lettres de noblesse, et la charge d'inspecteur général des hôpitaux. Il mourut à Paris, en 1727, regretté des pauvres et des gens de bien.

Un de ses fils, héritier de ses talents, cultiva comme lui la médecine avec gloire. Il étoit jeune encore, lorsqu'il sauva le roi régnant d'une maladie dangereuse dont ce prince fut attaqué à l'âge de sept ans. Il fut depuis premier médecin de la reine, et mérita la confiance et les bontés de cette princesse. Il fut, à Versailles, l'ami de toutes les maisons dont il étoit le médecin. Il recevoit chez lui un grand nombre de pauvres, et alloit voir assidument ceux que leurs infirmités retenoient chez eux.

Il aimoit beaucoup sa femme, qui étoit belle et attachée à son mari comme à tous ses devoirs. Ils aimerent tendrement leur fils, et s'occuperent également de son éducation et du soin de rendre son enfance heureuse. Il n'avoit pas cinq ans lorsqu'ils le confierent à M. Lambert, homme sage et sensible, qui lui a survécu, et a long-temps pleuré son éleve.

Il n'y avoit point de travail que l'envie de plaire à un tel précepteur ne fît entreprendre au disciple. Il eut de bonne heure le goût de la lecture. Il est vrai qu'il n'aima d'abord que les contes de fées, et des livres où régnoit le merveilleux. Mais il leur associa bientôt la Fontaine, et même Despréaux, dont les ouvrages charment les hommes de goût, mais ne devroient pas charmer l'enfance.

On venoit de mettre le jeune Helvétius au college, lorsqu'il lut l'Iliade et Quinte-Curce. Ces deux lectures changerent son caractere. Il étoit fort timide; il devint audacieux. Son goût pour l'étude fut suspendu pendant quelque temps. Il vouloit entrer au service, et ne respiroit que la guerre.

D'abord le despotisme de ses régents, leur ton menaçant, et la contrainte, le révolterent; les occupations minutieuses dont on le surchargeoit le dégoûterent. Il ne fit que des progrès médiocres. Mais, parvenu à la rhétorique, le P. Porée, son régent, s'apperçut que cet écolier étoit très sensible aux éloges, et en louant ses premiers efforts il lui en fit faire de plus grands. Les amplifications étoient à la mode au college. Le P. Porée trouvant dans celles d'Helvétius plus d'idées et d'images que dans celles de ses autres disciples, de ce moment il lui donna une éducation particuliere. Il lisoit avec lui les meilleurs auteurs anciens et modernes, et lui en faisoit remarquer les beautés et les défauts. Ce pere n'écrivoit pas avec goût ; mais il avoit d'excellents principes de littérature. C'étoit un bon maître, et un méchant modele. Il avoit surtout le talent de connoître la mesure d'esprit et le caractere de ses éleves ; et la France lui doit plus d'un grand homme dont il a deviné et hâté le génie.

La premiere jouissance de la gloire en augmente l'amour. Le jeune Helvétius, comblé d'éloges dans les exercices publics de son college, voulut réussir dans tout ce qui pouvoit être loué. Il avoit d'abord détesté la danse et l'escrime ; il excella depuis dans ces deux arts. Il a même dansé à l'opéra sous le nom et le masque de Javillier, et a été très applaudi.

Son émulation, qui s'étendoit à tout, ne prit jamais le caractere de l'envie. Il aimoit ses jeunes rivaux; il avoit gagné leur confiance. Ils étoient sûrs de sa discrétion dans ces petits complots que la sévérité des maîtres et le besoin du plaisir rendent si communs parmi les jeunes gens.

Il étoit encore au college, lorsqu'il connut le livre de l'Entendement humain. Ce livre fit une révolution dans ses idées. Il devint un zélé disciple de Locke, mais disciple comme Aristote l'a été de Platon, en ajoutant des découvertes à celles de son maître.

Il porta dans l'étude du droit l'esprit philosophique que Locke lui avoit inspiré. Il cherchoit dès lors les rapports des loix avec la nature et le bonheur des hommes.

Son pere, dont la fortune étoit médiocre, et qui avoit encouru la disgrâce du cardinal de Fleuri par son attachement à M. le Duc, le destinoit à la finance, comme à un état qui pouvoit l'enrichir et lui laisser le temps de faire usage de ses talents. Il l'envoya chez M. d'Armancourt, son oncle maternel, et directeur des fermes à Caen. Là, Helvétius fut occupé des lettres et de la philosophie plus que de la finance, et plus occupé des femmes que des lettres et de la philosophie. Il apprit cependant en peu de temps, et presque sans y songer, tout ce que doit savoir un financier.

Il avoit vingt-trois ans lorsque la reine, qui aimoit M. et Mme Helvétius, obtint pour leur fils une place de fermier-général. Il n'eut d'abord que le titre et une demi-place; mais M. Orri lui donna bientôt la place entiere. C'étoit lui donner cent mille écus de rente. Ses parents emprunterent les fonds qu'un fermier-général doit avancer au roi.

et ils exigerent de leur fils qu'il prendroit sur les produits de sa place les rentes et même le remboursement de ces fonds.

Il avoit deux passions qui pouvoient déranger le financier le plus opulent ; l'amour des femmes, et l'envie de faire du bien. Mais il avoit de l'ordre et de la probité. Au milieu de tant de moyens de jouir, il sut jouir avec sagesse. Il destina d'abord les deux tiers de ses revenus au remboursement de ses fonds ; le reste fut consacré aux dépenses que son âge et la noblesse de son cœur lui rendoient nécessaires.

Il avoit cherché, au sortir de l'enfance, à se lier avec les hommes célebres dans les lettres. Marivaux étoit de ce nombre. Cet homme, qui a mis dans ses romans tant d'esprit, de sentiment et de verbiage, étoit souvent agréable dans la conversation. Il méritoit des amis par la délicatesse de son ame et la pureté de ses mœurs. Helvétius lui fit une pension de deux mille francs. Marivaux, quoiqu'un excellent homme, avoit de l'humeur et devenoit aigre dans la dispute. Il n'étoit pas celui des amis d'Helvétius pour lequel celui-ci avoit le plus de goût; mais, du moment qu'il lui eut fait une pension, il fut celui de ses amis pour lequel il eut le plus d'attentions et d'égards.

Le fils de Saurin, de l'académie des sciences, n'avoit encore donné aucun des ouvrages qui lui ont fait de la réputation; mais il étoit connu des gens de lettres comme un esprit étendu, juste, et profond, qui avoit des connoissances variées, de la vertu, et du goût. Il n'avoit alors pour subsister qu'une place qui ne convenoit point à son caractere. Il reçut d'Helvétius une pension de mille écus, qui lui valut l'indépendance, le loisir de cultiver les lettres, et le plaisir de sentir et de publier qu'il devoit son bonheur à son ami. Ce digne ami, lorsque M. Saurin voulut se marier, l'obligea d'accepter les fonds de la pension qu'il lui faisoit. Il cherchoit par-tout le mérite, pour l'aimer et le secourir. Quelque soin qu'il ait pris de cacher ses bienfaits, nous pourrions présenter une liste d'hommes connus qu'il a obligés : mais nous croirions manquer à sa mémoire, si nous osions nommer ceux qui ont eu la foiblesse de rougir de ses secours.

Fontenelle étoit alors à la tête de l'empire des lettres. L'étendue de ses lumieres, sa philosophie saine, la sagesse de sa conduite, la variété de ses talents, l'enjouement de son esprit, la facilité de son commerce, le rendoient agréable à plusieurs sortes de sociétés. Son indifférence même étoit utile à sa considération. Les ennemis de ses amis, sûrs de n'être pas ses ennemis, le voyoient avec plaisir. Il avoit de plus le mérite d'un grand âge; et celui d'avoir vu ce siecle brillant dont notre siecle aime à s'entretenir. Sa mémoire étoit remplie d'anecdotes intéressantes, qu'il rendoit plus intéressantes encore par la maniere de les placer. Ses contes et ses plaisanteries faisoient penser. Les femmes, les hommes de la cour, les artistes, les poëtes, les philosophes, aimoient sa conversation.

Helvétius faisoit sa cour à Fontenelle. Il alloit chez lui, comme un disciple qui venoit proposer ses doutes avec modestie. C'étoit avec ui qu'il aimoit à parler des Hobbes et des Locke. Ce qu'il apprit sur-tout de Fontenelle, c'est le talent, aujourd'hui trop négligé, de rendre avec clarté ses idées.

Montesquieu n'étoit alors que l'auteur des Lettres persanes. Mais dans cet ouvrage, frivole en apparence, et dans la conversation, Helvétius avoit apperçu le guide des législateurs. Montesquieu devina aussi quel homme seroit un jour son ami. Je ne sais, disoit-il, si Helvétius connoît sa supériorité ; mais pour moi, je sens que c'est un homme au-dessus des autres.

La Henriade, poëme épique d'un genre tout nouveau, des tragédies qui balançoient celles de nos grands maîtres, l'histoire de Charles XII, si supérieure à toutes les histoires écrites en France, des pieces fugitives qui faisoient oublier cette foule de riens agréables si communs dans le siecle de Louis XIV, une philosophie lumineuse répandue sur plusieurs genres, beaucoup de génie, plusieurs sortes de mérite, attiroient sur M. de Voltaire les regards de la France et de l'Europe. Personne n'a plus excité que lui l'admiration et l'envie. La partie du public qui ne se rend pas l'écho d'hommes de lettres jaloux, les jeunes gens qui dans leurs lectures cherchent de bonne foi du plaisir ou des modeles, étoient ses admirateurs. Le reste à-peu-près composoit le nombre de ses ennemis. Son amour pour les lettres, son art de louer, dont il n'a fait que trop d'usage, sa politesse, son envie de plaire, ne pouvoient calmer la rage de l'envie. Il cherchoit à s'y dérober dans la retraite de Cirey. Helvétius alla l'y chercher. Il lui confia ses secrets les plus chers, c'est-à-dire, le dessein et les deux premiers chants de son poëme du Bonheur. Il trouva un critique plus éclairé que tous ceux qu'il avoit consultés jusqu'à ce moment, et un ami zélé pour sa gloire.

On voit par plusieurs lettres de M. de Voltaire combien ce grand homme avoit été frappé du génie d'Helvétius. « Votre premiere épître, lui dit-il, est pleine d'une hardiesse de raison bien au-dessus de votre âge, et plus encore de nos lâches écrivains, qui riment pour leurs libraires, qui se resserrent sous le compas d'un censeur royal, envieux ou timide. Misérables oiseaux à qui on rogne les ailes, qui veulent s'élever, et tombent en se cassant les jambes! Vous avez un génie mâle; et j'aime mieux quelques unes de vos sublimes fautes que les médiocres beautés dont on veut nous affadir. »

Dans d'autres occasions, M. de Voltaire donne à Helvétius des conseils excellents, et que nous rapporterons, parcequ'ils peuvent être utiles à quiconque veut écrire en vers.

« Je vous dirai, en faveur des progrès qu'un si bel art peut faire entre vos mains: Craignez, en atteignant le grand, de sauter au gigantesque : n'offrez que des images vraies; servez-vous toujours du mot propre. Voulez-vous une petite regle infaillible ? la voici. Quand une pensée est juste et noble, il faut voir si la maniere dont vous l'exprimez en vers seroit belle en prose; et si votre vers dépouillé de la rime et de la césure vous paroît alors chargé d'un mot superflu, s'il y a dans la construction le moindre défaut, si une conjonction est oubliée, enfin si le mot le plus propre n'est pas mis à sa place, concluez que votre diamant n'est pas bien enchâssé. Soyez sûr que des vers qui auront un de ces défauts ne se feront pas relire; et il n'y a de bons vers que ceux qu'on relit. »

Dans une autre lettre, M. de Voltaire reprend Helvétius, qui lui avoit dit trop de mal de Boileau. « Je conviens, dit-il, avec vous qu'il n'est pas un poëte sublime; mais il a très bien fait ce qu'il vouloit faire. Il a mis la raison en vers harmonieux et pleins d'images. Il est clair, conséquent, facile, heureux dans ses expressions; il ne s'éleve guere, mais il ne tombe pas; et d'ailleurs ses sujets ne comportent pas cette élévation dont ceux que vous traitez sont susceptibles. Vous avez senti votre talent, comme il a senti le sien. Vous êtes philosophe, vous voyez tout en grand. Votre pinceau est fort et hardi: la nature vous a mieux doué que Despréaux; mais vos talents, quelque grands qu'ils soient, ne seront rien sans les siens. Je vous prêcherai donc éternellement cet art d'écrire que Despréaux a si bien connu et si bien enseigné, ce respect pour la langue, cette suite d'idées, ces liaisons, cet art aisé avec lequel il conduit son lecteur, ce naturel, qui est le fruit du génie. Envoyez-moi, mon cher ami, quelque chose d'aussi bien travaillé que vous imaginez noblement. »

Quelques hommes d'esprit, mais dont les idées n'étoient pas fort étendues, disoient souvent à Helvétius que la métaphysique, et en général la philosophie, ne pouvoit être traitée en vers. Il n'étoit pas fait pour les croire; mais quelquefois il avoit des doutes. M. de Voltaire le rassuroit.

« Soyez persuadé, lui disoit-il, que la sublime philosophie peut fort bien parler le langage des vers; elle est quelquefois poétique dans la prose du P. Malebranche. Pourquoi n'acheveriez-vous pas ce que Malebranche a ébauché ? C'étoit un poëte manqué, et vous êtes né poëte. »

M. de Voltaire avoit raison. Est-ce que Lucrece chez les Romains, et Pope chez les Anglais, n'ont pas fait deux poëmes philosophiques, et pourtant admirables ?

Des hommes peu éclairés, et quelques amis, peut-être jaloux, répétoient à Helvétius qu'il devoit son temps à d'autres études qu'à celles de la poésie et de la philosophie. » Continuez, lui écrivoit M. de Voltaire, de remplir votre ame de toutes les connoissances, de tous les arts et de toutes les vertus. Ne craignez pas d'honorer le Parnasse de vos talents. Ils vous honoreront sans doute, parceque vous ne négligerez jamais vos devoirs. Les fonctions de votre état ne sont-elles pas quelque chose de bien difficile pour une ame comme la vôtre ? Cette besogne se fait comme on regle la dépense de sa maison et le livre de son maître-d'hôtel. Quoi ! pour être fermier-général, on n'auroit pas la liberté de penser ! Eh ! Atticus étoit fermier-général ; les chevaliers romains étoient fermiers-généraux. Continuez-donc, Atticus. »

Atticus continua. Il est d'usage que la compagnie des fermes envoie dans les provinces les plus jeunes des fermiers. Ils sont chargés de s'instruire des différentes branches des revenus, de veiller sur les commis, et de faire exécuter les ordonnances. Dans ces voyages, qu'on appelle *tournées*, Helvétius visita successivement la Champagne, les deux Bourgognes et le Bourdelais; et nulle part il ne se fit une loi de donner toujours raison aux préposés de la ferme, et toujours tort au peuple. Il ne vouloit point recevoir l'argent des confiscations; et souvent il dédommagea le malheureux ruiné par les vexations des employés. La ferme n'approuva pas d'abord tant de grandeur d'ame; mais, depuis, Helvétius ne fit de belles actions qu'à ses propres dépens, et les fermiers voulurent bien tolérer cette conduite.

Il eut le courage d'être souvent l'orateur du peuple auprès de sa compagnie et du ministre. On venoit d'employer dans les salines de Lorraine et de Franche-Comté une machine appelée *graduation*, qui diminuoit la consommation du bois, mais aussi la qualité du sel. Helvétius proposa de détruire la machine, ou de diminuer le prix du sel. Il est aisé de juger qu'il ne put rien obtenir.

Il arrivoit à Bourdeaux lorsqu'on venoit d'y établir un nouveau droit sur les vins, qui désoloit la ville et la province. Il écrivit à sa compagnie contre le nouveau droit, et fut indigné des réponses qu'il reçut. Il lui échappa de dire un jour à plusieurs bourgeois de Bourdeaux : «Tant que vous ne ferez que vous plaindre, on ne vous accordera pas ce que vous demandez. Faites-vous craindre. Vous pouvez vous assembler au nombre de plus de dix mille. Attaquez nos employés : ils ne sont pas deux cents. Je me mettrai à leur tête, et nous nous défendrons ; mais enfin vous nous battrez ; et l'on vous rendra justice. »

Heureusement ce conseil de jeune

homme ne fut pas suivi ; mais, de retour à Paris, Helvétius appuya si bien les plaintes des Bourdelais, qu'il obtint la suppression de l'impôt.

Cependant il réprimoit l'avidité des subalternes, il indiquoit les moyens d'en diminuer le nombre, il proposoit de donner plus de valeur aux terres du domaine; et c'est ainsi qu'il se rendoit utile à-la-fois à la ferme et à la nation. Ces services ne l'empêchoient pas d'éprouver quelquefois des dégoûts. Il avoit affaire à de petits esprits, et il leur proposoit de grandes vues ; à des hommes endurcis par l'âge et par la finance, et il leur parloit d'humanité. Les malheureux qu'il soulageoit, le commerce des gens de lettres, ses études, et ses maîtresses, lui faisoient à peine supporter les inconvénients de son état. Son pere, qui avoit fait de lui un fermier-général, ne put jamais en faire un financier. Il avoit remboursé ses fonds; et, malgré ce qu'il dépensoit en plaisirs et en bonnes œuvres, il se trouvoit encore des sommes considérables. Il acheta des terres, et forma le projet de s'y retirer pour s'y livrer entièrement aux lettres et à la philosophie; mais il lui falloit une femme qu'il pût aimer, et que la retraite dans laquelle il vouloit vivre ne rendroit pas malheureuse.

Chez M.me de Graffigni, si connue par le joli roman des Lettres péruviennes, il vit M.lle de Ligniville, et fut frappé de sa beauté et des agréments de son esprit; mais, avant de songer à l'épouser, il voulut la connoître. Il la voyoit souvent, sans lui parler de ses desseins et du goût qu'il avoit pour elle. Enfin, après un an d'observation, il vit que Mlle de Ligniville avoit l'ame élevée sans orgueil; qu'elle supportoit sa mauvaise fortune avec dignité; qu'elle avoit du courage, de la bonté, et de la simplicité; il jugea qu'elle partageroit volontiers sa retraite, et lui en fit la proposition, qui fut acceptée. Mais avant de se marier il voulut quitter la place de fermier-général.

Helvétius, par complaisance pour son pere, acheta la charge de maître-d'hôtel de la reine. Il n'étoit pas plus fait pour la cour que pour la finance. Il fut très sensible aux bontés de la reine. Cette princesse aimoit les gens d'esprit, et traita bien Helvétius, qui n'eut pas d'abord autant d'ennemis qu'il en méritoit; on lui pardonna long-temps ses lumieres et ses vertus. Sa charge n'exigeoit pas beaucoup de service, et lui laissoit l'emploi de son temps.

Il se maria enfin au mois de juillet 1751, et partit sur-le-champ pour sa terre de Voré. Il y menoit avec lui deux secrétaires, qui lui étoient inutiles depuis qu'il n'étoit plus fermier-général; mais il leur étoit nécessaire. L'un d'eux, nommé Baudot, étoit chagrin, caustique, et inquiet. Sous le prétexte qu'il avoit vu Helvétius dans son enfance, il se permettoit de le traiter toujours comme un précepteur brutal traite un enfant. Un des plaisirs de ce Baudot étoit de discuter avec son maître la conduite, l'esprit, le caractere, les ouvrages de ce maître indulgent. La discussion ne finissoit jamais que par la plus violente satyre. Helvétius l'écoutoit avec patience; et quelquefois, en le quittant, il disoit à Mme Helvétius : « Mais est-il possible que j'aie tous les défauts et tous les torts que me trouve Baudot? Non, sans doute; mais enfin j'en ai un peu : et qui est-ce qui m'en parleroit, si je ne garde pas Baudot? »

Il n'étoit occupé dans ses terres que de ses ouvrages, du bonheur de ses vassaux, et de Mme Helvétius. Il pouvoit dire, comme milord Bolingbroke dans une de ses lettres à Swift : « Je n'ai plus que pour ma femme l'amour que j'avois autrefois pour tout son sexe. »

Il avoit cessé depuis deux ans de travailler à son poëme. Cet ouvrage l'avoit conduit à des recherches sur l'homme. Dès ses premieres méditations, il avoit entrevu des vérités nouvelles. Ces vérités devinrent plus claires, et le conduisirent à d'autres; et il étoit livré entièrement à la philosophie, lorsqu'en 1755 il perdit son pere. Je n'ajouterai qu'un mot à ce que j'ai dit de ce médecin illustre. Il connoissoit parfaitement son fils ; c'est-à-dire qu'il avoit de grandes lumieres, et qu'il étoit sans préjugés. Il vit avec plaisir ce fils sacrifier une grande fortune à l'espérance de la gloire. Helvétius regretta beaucoup un si excellent pere. Il refusa de recueillir sa succession, qu'il vouloit laisser entièrement à sa mere. Après de longues contestations, il obtint qu'elle la conserveroit. La mort de son pere étoit le premier malheur qui jusqu'alors eût troublé sa vie heureuse, et suspendu ses occupations. Il les reprit dès qu'il en eut la force; et enfin, en 1758, il donna le livre de l'Esprit, dont je vais faire l'analyse.

L'auteur commence par examiner

ce qu'on entend par le mot *Esprit*. Il est tantôt la faculté de penser, et tantôt la masse d'idées et de connoissances rassemblées dans la tête d'un homme.

Ces idées s'acquierent par l'impression des objets extérieurs sur nos sens; elles se conservent par la mémoire, qui n'est que la premiere impression continuée, mais affoiblie. Ce don d'acquérir des idées par les sens et de les conserver par la mémoire ne nous donneroit que des connoissances bornées, et nous laisseroit sans art, sans mœurs et sans police, si la nature nous avoit conformés comme la plupart des animaux: c'est à nos mains flexibles que nous devons notre industrie;

et, sans cette industrie, occupés dans les forêts du soin de nous défendre et de disputer notre subsistance, à peine aurions-nous formé quelques sociétés foibles ou barbares.

Les objets dont les sens nous transmettent les idées ont des rapports avec nous et entre eux. L'esprit humain s'élève à la connoissance de ces rapports : voilà sa puissance et ses bornes. L'appercevance de ces rapports est ce qu'on appelle *jugement*.

Juger, c'est sentir.

La couleur que je nomme *rouge* agit sur mes yeux différemment de la couleur que je nomme *jaune*. L'idée de cette différence est un jugement; ce jugement est une sensation composée de sensations, reçues dans le moment ou conservées dans la mémoire. Les notions mêmes de force, de puissance, de justice, de vertu, etc. quand on les analyse, se réduisent à des tableaux placés dans l'imagination ou la mémoire.

Tout dans l'homme se réduit donc à sentir.

L'homme est sujet aux erreurs. Elles ont trois causes ; les passions, l'ignorance, et l'abus des mots.

Les passions nous trompent, parcequ'elles nous font voir les objets sous une seule face. Le prince ambitieux fixe son attention sur l'éclat de la victoire et sur la pompe du triomphe. Il oublie les inconstances de la fortune et les malheurs de la guerre.

La crainte présente des fantômes, et ne laisse point d'entrée à la vérité. L'amour est fertile en illusions. « Vous ne m'aimez plus, disoit Mlle de Caumont à Poncet; vous croyez moins ce que je vous dis que ce que vous voyez. »

L'ignorance est la cause des erreurs dans les questions difficiles. C'est faute de connoissances que la question du luxe a été si long-temps agitée sans être éclaircie. De grands hommes en ont fait l'apologie; d'autres, la satyre.

Sur l'abus des mots, troisieme cause de nos erreurs, Helvétius renvoie à Locke, et ne dit qu'un mot en faveur de ceux qui ne voudroient pas recourir au philosophe anglais.

Il fait voir que les sens faux donnés aux mots *espace*, *matiere*, *infini*, *amour-propre*, *liberté*, ont été les sources de beaucoup d'erreurs en métaphysique et en morale. La *matiere* n'est que la collection des propriétés communes à tous les corps. L'*espace* n'est que le néant ou le vuide; considéré avec les corps, il n'est que l'étendue. Le mot *infini* ne donne qu'une idée, l'absence des bornes. L'*amour-propre* est un sentiment gravé en nous par la nature, et qui devient vertueux ou vicieux, selon la différence des goûts, des passions, des circonstances. La *liberté* de l'homme consiste dans l'exercice volontaire de ses facultés.

Passons au second discours.

L'esprit a plus ou moins l'estime du public, selon que les idées sont neuves, utiles, et agréables. Ce ne sont pas leur nombre, leur étendue, qui emportent notre estime ; c'est le rapport qu'elles ont avec notre bonheur qui nous force à leur accorder notre hommage. Ainsi c'est la reconnoissance ou la vengeance qui loue ou qui méprise.

Les idées les plus estimables sont celles qui flattent nos penchants. Le premier des livres pour Charles XII, c'est la vie d'Alexandre ; pour une femme sensible, c'est le poëte qui peint l'amour. C'est notre intérêt qui nous fait adopter ou rejeter l'opinion des autres.

Il est vrai qu'il y a sur la terre un

petit nombre de philosophes conduits par l'amour du vrai, qui estiment de préférence les idées lumineuses ; mais ces philosophes sont en si petit nombre qu'il ne faut pas les compter. Le reste du genre humain n'estime que les idées qui flattent son opinion ou son intérêt. Un sot n'a que de sots amis. Auguste, Louis XIV, le grand Condé, vivoient avec les gens d'esprit. Sous un monarque stupide, disoit la reine Christine, toute sa cour l'est, ou le devient.

Lorsque la réputation d'un homme ou d'un ouvrage est établie, nous les louons souvent sans les estimer. Nous n'avons pas pour eux une estime sentie, mais une estime sur parole. Telle est l'estime générale pour Homere, que tout le monde loue, et qui n'est lu que des gens de lettres.

Chaque homme a de soi la plus haute idée, et n'estime dans les autres que son image, ou ce qui peut lui être utile.

Le fakir et le sibarite, la prude et la coquette, se méprisent. Le philosophe qui vivra avec des jeunes gens sera l'imbécille, le ridicule de la société. L'homme de robe, l'homme de guerre, le négociant, croient chacun sincèrement que leur sorte d'esprit est la plus estimable.

Ainsi la grande société, la nation, se divise en petites sociétés, qui, selon leurs occupations, leur rang, leur état, estiment la sorte d'esprit avec laquelle elles ont du rapport.

A la cour, on estime sur-tout les hommes du bon ton, quoiqu'ils soient, pour la plupart, frivoles, ineptes, ignorants.

Si les petites sociétés n'estiment que l'esprit qui est plus près de leur esprit, le public n'accorde son estime qu'à l'esprit qui est utile au public.

En conséquence de cette vérité, l'esprit qui réussit dans les sociétés particulieres réussit rarement dans le public.

Tel homme, au contraire, tel ouvrage, font honneur à la nation, et ne réussissent pas dans les sociétés particulieres.

Si le public ne rend aucun honneur à l'esprit médiocre, c'est qu'il n'est jamais d'aucune utilité. Si pourtant, dans certaines circonstances, des esprits médiocres, devenus généraux ou ministres, sont honorés, c'est qu'ils ont eu le bonheur d'être utiles. De plus, on a de l'indulgence pour les grands. On ne demande pas à la comédie italienne les mêmes talents qu'à la comédie française.

Après la mort des hommes en place et des artistes, ceux-ci sont les plus honorés, parce que la postérité jouit de leurs travaux, et que les autres ne sont utiles qu'à leur siecle.

Certains esprits célèbres dans quelques pays et quelques siecles ne le sont point dans d'autres siecles et dans d'autres lieux. Les sophistes, les théologiens, si illustres autrefois, recueillent le mépris des siecles éclairés. Les farces de Scarron réussissoient avant que l'on eût vu Moliere.

Il y a pourtant des idées qui plaisent dans tous les lieux et dans tous les temps : les unes sont instructives ; les autres sont agréables. Il y en a des unes et des autres dans Homere, Virgile, Corneille, le Tasse, Milton, qui ne se sont point bornés à peindre une nation ou un siecle, mais l'humanité. Il est peu d'hommes assez mal organisés pour être insensibles aux tableaux des grands objets et à l'harmonie. Les tableaux voluptueux, qui rappellent les plaisirs des sens et sur-tout ceux de l'amour, sont également du goût de tous les peuples. Les philosophes qui ont découvert des vérités utiles ont l'estime de tous les siecles ; et, dans tous les siecles, on aime les poëtes qui ont fait aimer la vertu. Mais qu'est-ce que la vertu ?

Dans les sociétés particulieres, on donne ce nom aux actions utiles à ces sociétés : l'homme qui veut dérober à la rigueur des lois un parent coupable passe pour vertueux.

Le ministre qui refuse ses amis, ses parents, les courtisans, pour leur préférer l'homme de mérite et le bien de l'état, doit avoir à la cour la réputation d'homme dur, inutile, et mal-honnête.

Dans les cours, on appelle prudence la fausseté, folie le courage de dire la vérité. On y donne le titre de bon au prince qui prodigue les trésors de l'état; le nom d'aimable au prince qui accorde à ses favoris, à sa maîtresse, des emplois importants au bonheur de l'état.

Comment donc savoir si on est vertueux? Dirige-t-on toutes ses actions au bien du plus grand nombre; on est vertueux. Oui, la vertu n'est que l'habitude de diriger ses actions au bien général. C'est en la considérant sous ce point de vue qu'on peut s'en former des idées nettes et précises, que les moralistes n'ont point eues jusqu'à présent.

Les uns, à la tête desquels est Platon, n'ont débité que des rêves ingénieux. La vertu, selon eux, est l'amour de l'ordre, de l'harmonie, du beau essentiel. Les autres, à la tête desquels est Montaigne, prétendent que les lois de la vertu sont arbitraires, parce qu'ils voient qu'une action vicieuse au nord est souvent vertueuse au midi. Les premiers, pour n'avoir point consulté l'histoire, errent dans un dédale de mots. Les seconds, pour n'avoir point médité sur l'histoire, ont pensé que le caprice décidoit de la bonté ou de la méchanceté des actions humaines.

L'amour de la vertu n'est donc que le desir du bonheur général. Les actions vertueuses sont celles qui contribuent à ce bonheur. Les peuples les plus stupides, dans leurs coutumes les plus singulieres, ont en vue leur bonheur; et si dans certains pays, dans certains lieux, on honore des actions qui nous paroissent coupables, c'est que dans ces pays ces actions sont utiles. Le vol fait avec adresse étoit honoré à Sparte, parce que dans cette république toute militaire, et où il n'y avoit point l'esprit de propriété, la vigilance et l'adresse étoient des qualités utiles. En Chine, où la population est excessive, il est permis au pere d'exposer ou de tuer ses enfants. Cette loi, si cruelle en apparence, prévient de plus grands maux, et par conséquent est utile. Enfin, c'est par-tout l'utilité qui rend les actions criminelles ou vertueuses.

Mais dans tous les pays on attache l'idée de vertu à des actions qui ne peuvent produire aucun bien. Oui; mais c'est qu'on est persuadé que ces actions produisent un bien, soit pour ce monde, soit pour l'autre; et j'appelle ces habitudes, ces actions, vertus de préjugé, dont il faut guérir les hommes.

Ces habitudes n'ont été fondées que sur la préférence donnée à des sociétés particulieres sur la société générale, ce qui seul les rend vicieuses.

Quel bien font au monde et à la

patrie les austérités des moines et des fakirs ? De quelle utilité peut être la folie des Indiens qui se font dévorer par les crocodiles ?

Il est des crimes de préjugé, comme il est des vertus de préjugé.

J'appelle crimes de préjugé, des actions condamnées par l'opinion, quoiqu'elles ne nuisent à personne. Quel mal fait le bramine qui épouse une vierge, et l'homme qui mange un morceau de bœuf plutôt qu'un morceau de poisson ?

Les vertus de préjugé sont quelquefois des habitudes atroces ; comme la coutume des Giagues, de piler dans un mortier les enfants, pour en composer une pâte qui, selon les prêtres, les rend invulnérables.

Il y a peu de nations qui n'aient pour les crimes de préjugé plus d'horreur que pour les actions les plus nuisibles à la société, et plus d'estime pour les pratiques minutieuses et indifférentes que pour les actions utiles à l'état.

De ce qu'il y a des vertus réelles et des vertus de préjugé, il suit qu'il y a chez les peuples deux especes de corruption; l'une politique, et l'autre religieuse. Celle-ci peut n'être pas criminelle, quand elle s'allie avec l'amour du bien public, les talents, de véritables vertus.

La corruption politique prépare au contraire la chûte des empires,

Le peuple en est infecté, lorsque les particuliers détachent leurs intérêts de l'intérêt général.

Cette corruption se joint quelquefois à l'autre : alors les moralistes ignorants les confondent; mais elles sont souvent séparées. La corruption religieuse n'est souvent que l'amour du plaisir, et inspirée par la nature, qu'elle satisfait sans la dégrader. La corruption politique est l'effet du gouvernement.

C'est dans la législation et dans l'administration des empires qu'il faut chercher la cause des vices et des vertus des hommes.

Les déclamations des moralistes ne font que satisfaire leur vanité, et ne produisent aucun bien. Leurs injures ne peuvent changer nos sentimens, et nos sentimens sont l'effet de la nature ou des lois.

Il faut moins censurer le luxe, qui peut être nécessaire à un grand état, et la galanterie, à laquelle les hommes peuvent devoir les arts, le goût, et des vertus politiques, que l'institution qui fait de l'homme un lâche, un esclave, un frippon, ou un sot.

Il est des moralistes hypocrites : ce sont ceux qui voient avec indifférence tous les maux qui entraînent la ruine de leur patrie, et qui se déchaînent contre quelques excès dans la jouissance des plaisirs.

D'après les principes posés ci-dessus, on peut faire un catéchisme dont les préceptes seront clairs, vrais, et invariables. Le peuple qui en seroit instruit ne seroit infecté ni de vices politiques, ni de vertus de préjugé. Le législateur, plus éclairé, ne donneroit que des lois utiles, et les lois seroient respectées.

L'inexécution des lois prouve toujours l'ineptie du législateur. La récompense, la punition, la gloire, l'infamie, sont quatre divinités qui peuvent répandre les vertus, et créer des hommes illustres dans tous les genres.

Pour perfectionner la morale, les législateurs ont deux moyens; l'un, d'unir les intérêts particuliers à l'intérêt général; l'autre, de hâter les progrès de l'esprit. Mais, pour hâter ces progrès, il faut savoir si l'esprit est un don de la nature, ou l'effet de l'éducation.

C'est le sujet du troisieme discours.

Tous les hommes ont des sens assez bons pour appercevoir les mêmes rapports dans les objets ; ils ont les mêmes besoins, et ils auroient la même mémoire, s'ils avoient la même attention.

Tous les hommes bien organisés sont capables d'attention; tous apprennent leur langue, tous apprennent à lire, et conçoivent au moins les premieres propositions d'Euclide. Cela suffit pour s'élever aux plus hautes idées, pourvu qu'ils veuillent faire des efforts d'attention ; et, pour faire ces efforts, il faut avoir des passions.

Ce sont les passions qui fécondent l'esprit et l'élevent aux grandes idées. Ce sont elles qui ont formé et conduit Lycurgue, Alexandre, Épaminondas, etc. etc. ; ce sont elles qui ont inspiré les vastes projets, les moyens extraordinaires, les mots sublimes, qui sont les saillies des ames fortement passionnées.

On devient stupide dans l'absence des passions.

Les princes montrent quelquefois de l'esprit pour s'élever au despotisme. Leurs desirs sont-ils remplis, ils n'ont plus le courage de s'arracher aux délices de la paresse, et ils s'abrutissent dans leurs grandeurs.

Mais tous les hommes sont-ils susceptibles du même degré de passion?

L'origine des passions est dans la sensibilité physique, dans l'amour du plaisir et la crainte de la douleur, qui remuent également tous les hommes.

L'avare, en se privant de tout, se propose de s'assurer les moyens de jouir des plaisirs, et de se dérober aux maux; l'ambitieux a le même objet dans la poursuite des grandeurs; l'amour de la gloire et de la vertu n'est que le desir de jouir des avantages que la gloire et la vertu procurent.

Tous les hommes sont susceptibles de passion au même degré.

Tous peuvent aimer avec fureur la gloire et la vertu; tous ont donc la puissance de s'élever aux plus grandes idées et de faire de grandes choses. Les hommes, nés égaux, deviennent différents par les lois, et par l'éducation, qui doit préparer à l'obéissance et au respect pour les lois. L'éducation est trop négligée; mais pour savoir bien ce qu'elle peut faire sur les esprits, il est important de fixer d'une manière précise les idées qu'on attache aux divers noms donnés à l'esprit. C'est ce que nous allons voir dans le quatrieme discours.

Le nom de génie n'est donné qu'aux esprits inventeurs. Leur invention porte sur les détails ou sur le fond des choses. C'est le travail excité par les passions, et sur-tout par celle de la gloire, qui porte l'ame aux grandes méditations, et fait trouver des vérités nouvelles, de nouvelles combinaisons. Les objets dont il est entouré, les circonstances où il est placé, déterminent et bornent le génie.

L'imagination est l'invention des images, comme l'esprit est l'invention des idées ; elle brille dans les descriptions, les tableaux. Les peintures sont ou grandes ou voluptueuses.

Le sentiment est l'ame de la poésie. L'auteur qui en est privé est toujours en-deçà ou au-delà de la nature. Celui qui n'a que de l'esprit s'éloigne toujours de la simplicité.

L'esprit n'est qu'un assemblage d'idées nouvelles, qui n'ont pas assez d'étendue ni d'importance pour mériter le nom de génie. Ainsi Machiavel et Montesquieu sont des génies; la Rochefoucauld et la Bruyere sont des hommes d'esprit.

Le talent est l'aptitude à un seul genre, dans lequel on ne porte qu'une invention médiocre.

L'esprit est fin, quand il apperçoit de petits objets et donne à deviner.

L'esprit est fort, quand il produit des idées propres à faire de fortes impressions.

Il est lumineux, quand il rend clairement des idées abstraites.

Il est étendu, lorsqu'il saisit un ensemble, et voit des rapports éloignés.

Il est pénétrant, profond, lorsqu'il voit tout dans les objets.

Le bel esprit tient plus au choix des mots et des tours, qu'au choix des idées.

L'esprit du siecle, l'esprit du monde, est frivole, et porte sur de petits objets ; s'il s'occupe un moment des grands hommes et des ouvrages célebres, il cherche à les rabaisser. C'est le dieu de la raillerie, qui considere avec un ris malin et un œil moqueur le Panthéon, l'église de S. Pierre, le Jupiter de Phidias.

Le génie, l'esprit, sont les effets

de la force ou de la vivacité des passions. Le bon sens est l'effet de leur modération : il se borne presque à l'esprit de conduite.

Mais il est, dit-on, des peuples qui paroissent insensibles aux passions de la vertu et de la gloire. Est-ce la faute du climat ? est-ce celle du gouvernement ?

Dans leurs républiques, Horatius Coclès et Léonidas ne pouvoient être que des héros. Dans ces républiques, les hommes peu passionnés étoient du moins de bons citoyens.

Les républiques se corrompent, quand les honneurs et les plaisirs sont attachés à la tyrannie, à la puissance. Les mêmes hommes qui auroient été des Scipions et des Camilles seront des Marius et des Catilinas.

La considération est une gloire diminuée. Lorsqu'elle est attachée au crédit, elle fait des flatteurs et des intrigants. L'argent est-il plus honoré que la vertu, on voit aux Cincinnatus, aux Catons, succéder les Crassus et les Séjans. La plus haute vertu, le vice le plus honteux, sont également l'effet du plaisir que nous trouvons à nous livrer à l'un ou à l'autre.

Il y a dans tous les hommes un desir secret d'être despote, parce que chaque homme a, du plus au moins, le desir de faire servir les autres à son bonheur.

Il ne faut pas toujours des talents

et du courage pour établir la tyrannie; il ne faut quelquefois qu'une audace commune, et des vices. Le prince commence par diviser les ordres des citoyens, par répandre une sorte d'anarchie, pour faire desirer à une partie de la nation l'abaissement de l'autre. Il fait ensuite briller le glaive de la puissance, met les vertus au rang des crimes, multiplie les délateurs, veut étouffer les lumieres, et proscrit également les Séneques et les Thraséas.

Mais les despotes donnent à la soldatesque, qui leur est toujours dévouée, le sentiment de sa force, et finissent par être ses victimes.

L'histoire des empereurs de Rome et de Constantinople, des sultans des Turcs, des czars, etc., sont une preuve de cette vérité. L'homme le plus coupable de lese-majesté est donc l'homme qui conseille à son prince de porter à l'excès et de faire trop sentir son autorité.

Les despotes, maîtres absolus des peuples qui n'osent les censurer, n'ont plus d'intérêt de s'instruire. Leurs ministres, placés par l'intrigue, n'ont aucuns principes de justice ni d'administration, aucune idée de vertu. Ainsi l'avilissement des peuples entretient l'ignorance et l'ineptie des princes et des ministres.

Il n'y a de vertu que dans les pays où la législation unit l'intérêt particulier à l'intérêt général. Dans ces pays où la puissance est partagée entre le peuple, les grands, les rois, la nécessité où se trouvent les citoyens de tous les ordres de s'occuper d'objets importants, la liberté qu'ils ont de tout penser et de tout dire, donnent aux ames de la force et de l'élévation.

Une petite ville de Grece a produit plus de belles actions et de grands hommes que tous les riches et vastes empires de l'orient.

La force des passions est proportionnée aux récompenses qu'on leur propose. Les monceaux d'or du Mexique et du Pérou, en exaltant l'avarice des Espagnols, leur ont fait faire des prodiges. Les disciples de Mahomet et d'Odin, dans l'espérance de posséder des houris ou les valkiries, ont été avides de la mort. Par-tout où les lettres menent à la considération ou à la fortune, elles sont cultivées avec succès.

Le bon sens, qui est l'effet des passions foibles, ne crée, n'invente, ne change, ni n'éclaire. Quand tout est dans l'ordre, il remplit assez bien les grandes places. Faut-il réformer des abus, il ne montre que de l'ineptie.

Il n'y a que le génie inspiré par les passions fortes qui fonde ou répare la constitution des empires.

Le goût est la connoissance de ce qui doit plaire à tous les hommes, ou au public d'une certaine nation. On acquiert le goût de cette derniere sorte par l'habitude de comparer des jugements. On acquiert le goût de la premiere sorte, qui est le vrai goût, par la connoissance profonde de l'humanité.

Pour réussir dans les arts, les sciences et les affaires, il faut d'abord être persuadé qu'on n'excelle pas dans plusieurs genres très différents. Newton n'est pas compté parmi les poëtes, ni Milton parmi les géometres.

Il est plusieurs talents exclusifs. Il y a même certaines qualités, et même, si je l'ose dire, certaines vertus particulieres, exclues par certains talents. L'ignorance de cette vérité est la source de mille injustices. On vante la modération d'un philosophe, et on se plaint de son peu de sensibilité, sans faire attention qu'il ne doit qu'à l'état tranquille de son ame le talent de l'observation. On veut que l'homme de génie soit toujours sage, et on oublie que le génie est l'effet des passions, rarement compatibles avec la sagesse.

On peut connoître si on est né pour les grandes choses, à trois signes certains : 1° Si on aime assez la gloire pour lui sacrifier toutes les autres passions : 2° Si on admire vivement les belles actions ou les ouvrages consacrés par les suffrages de tous les siecles : 3° Si on aime véritablement les grands hommes de son temps.

Après avoir donné ces idées

sur les différentes sortes de talents, l'auteur finit, comme il avoit promis, par nous parler de la science de l'éducation, qui est la connoissance des moyens propres à former des corps robustes, des esprits éclairés, des ames vertueuses. Ces moyens dépendent absolument des législateurs. Sous un mauvais gouvernement, la nature et l'éducation ne peuvent rendre les hommes ni éclairés, ni vertueux, parce qu'ils veulent toujours leur bonheur, et que sous les tyrans les lumieres et la vertu ne conduisent point au bonheur.

Voilà un extrait fidele du livre de l'*Esprit*. Il ne s'est point fait d'ouvrage où l'homme soit vu plus en grand, et mieux observé dans les détails. On a dit de Descartes qu'il avoit créé l'homme. On peut dire d'Helvétius qu'il l'a connu. Il est le premier qui ait fondé la morale sur la base inébranlable de l'intérêt personnel. Il est celui des philosophes qui a le plus dissipé ces nuages, ces faux systèmes, qui nous déguisent à nous-mêmes, et nous donnent de fausses idées de la vertu. Son livre est la production d'une ame vraiment touchée des malheurs qui affligent les grandes sociétés. Personne n'a mieux fait sentir sur quels principes il faut établir un gouvernement, et les inconvénients de toute constitution politique où les avantages du petit nombre sont préférés au bonheur du grand nombre. « Athéniens, disoit Solon, vous serez si convaincus qu'il est de votre intérêt de suivre mes lois, que vous ne serez pas tentés de les enfreindre ».

Voilà ce que doivent dire tous les législateurs, et ce que leur prescrit Helvétius. Son livre a encore un avantage qui le met au-dessus de bien d'autres; c'est celui du style, qui est par-tout clair et noble. Lorsque l'auteur parle d'une vérité nouvelle ou abstraite, il n'est que simple et précis. A-t-il accoutumé votre esprit à ces idées neuves, son style prend de la majesté, de la force, et des graces. A-t-il à vous présenter une de ces vérités qui intéressent plus particulièrement les hommes, il la pare des richesses de son imagination; et cette imagination, toujours soumise à la philosophie, l'embellit sans l'égarer. Elle ne sert qu'à rendre les vérités plus sensibles et, pour ainsi dire, plus palpables. C'est dans la même vue qu'il répand dans son livre tant de contes plaisants ou intéressants. Ces contes sont des apologues; et s'il les a un peu prodigués, il faut se ressouvenir qu'il écrivoit en France, et qu'il parloit à un peuple enfant.

Lorsque cet ouvrage parut à Paris, les vrais philosophes l'estimèrent; les petits moralistes en furent jaloux; les gens du monde, en attendant qu'il fût jugé, en parlèrent avec dénigrement; les hypocrites s'alarmèrent, et avec raison. Une femme célebre par la solidité et les agrémens de son esprit disoit d'Helvétius, « C'est un homme qui a dit le secret de tout le monde. »

Les théologiens préparerent un plan de persécution, qu'ils firent précéder par des critiques absurdes. On disoit dans le *Journal chrétien* et dans des mandements emphatiques : « que le pernicieux livre de l'*Esprit* étoit une vapeur sortie de l'abyme ; que l'auteur étoit un lion qui attaquoit la vertu à force ouverte, un serpent qui tendoit des embûches ; qu'il mettoit l'homme au rang des bêtes, sans respect pour Origene, qui a dit expressément que l'homme opere par la raison, et la bête, par l'instinct ; que l'auteur a tort de parler de législation, attendu qu'on trouve dans l'évangile tout ce qu'il faut savoir là-dessus ; qu'il n'y a rien dans les livres sacrés, ni dans les saints peres, de ce qui est contenu dans le livre de l'*Esprit;* que l'amour de la gloire et l'amour de la patrie doivent être condamnés comme passions, parceque toutes les passions sont les fruits du péché. »

D'autres théologiens aussi lumineux disoient « que la philosophie des Encyclopédistes et d'Helvétius répandoit une odeur de mort qui infecteroit toute la postérité, et que c'étoit une plante maudite qui étoufferoit d'âge en âge le bon grain semé dans le champ du pere de famille. »

Helvétius reçut d'abord toutes ces critiques avec tranquillité; il ne pensa pas même à répondre à des accusations si vagues et si absurdes. Comment l'auroit-il fait? Comment prouver, dit Pascal, qu'on n'est pas une porte d'enfer? Il eut quelque inquiétude, lorsqu'il fut menacé d'une censure de la Sorbonne. Il la vit paroître, et ne la trouva que ridicule. Une suite de quelques unes des propositions condamnées par cette faculté justifiera bien le mépris d'Helvétius.

« La sensibilité physique produit nos idées; ou, ce qui revient au même, nos idées nous viennent par les sens. »

« Le desir de notre bonheur suffit pour nous conduire à la vertu. »

« C'est par de bonnes lois qu'on rend les hommes vertueux. »

« La douleur et le plaisir font penser et agir les hommes. »

« Il faut traiter la morale comme les autres sciences, et faire une morale comme une physique expérimentale. »

« C'est à la différente maniere dont le desir du bonheur se modifie, qu'on doit ses vices et ses vertus. »

« Les hommes ne sont point méchants, mais soumis à leurs intérêts. »

« Les actions vertueuses sont les actions utiles au public. »

« De tous les plaisirs des sens l'amour est le plus vif. »

« Il faut moins se plaindre de la méchanceté des hommes que de l'ignorance des législateurs, qui ont toujours mis en opposition l'intérêt particulier et l'intérêt général. »

« Un sot porte des sottises, comme le sauvageon porte des fruits amers, etc., etc. »

Peu de temps après que cette censure eut paru, quelques prêtres, et le nommé Neuville, jésuite, prêchèrent à Paris et à la cour contre le livre de l'Esprit.

La haine des molinistes et des jansénistes étoit alors dans la plus grande activité. Ces deux partis s'accusoient réciproquement de trahir les intérêts de la religion; et, pour s'en justifier, les uns et les autres se piquoient d'un grand zele contre les philosophes. Les jansénistes avoient plus de crédit dans le parlement, et les molinistes à Versailles. Les jansénistes vouloient faire brûler l'auteur du livre, et les jésuites vouloient se faire honneur à la cour de le persécuter.

Il faut leur rendre justice : plusieurs d'entre eux étoient amis d'Helvétius, autant que des jésuites peuvent être amis. Il avoit ménagé leur ordre; et, dans son ouvrage, où il se moquoit de tant de prédicateurs et de docteurs, il n'avoit pas cité un seul jésuite. Ces peres lui en savoient gré, et d'abord ils parlerent de son livre avec modération; ils lui donnerent même quelques éloges :

mais, les jansénistes s'étant déclarés les persécuteurs d'Helvétius, les jésuites prirent bientôt de l'émulation. Le gazetier ecclésiastique se déchaînoit contre lui, Bertier ne pouvoit plus se taire avec bienséance, enfin le parlement étoit près de sévir; les jésuites furent humiliés de n'avoir point encore cabalé.

L'un d'eux, ami depuis vingt ans d'Helvétius (et cette qualité m'empêchera de le nommer), imagina qu'il feroit un honneur infini à lui et à son ordre, s'il pouvoit faire rétracter un philosophe. Il ourdit une intrigue contre son ami et son bienfaiteur, et la suivit avec l'activité et la perfidie affectueuse d'un prêtre de cour.

Il proposa d'abord à Helvétius de signer une petite rétractation qui devoit, disoit-il, lui ramener les bontés de la reine, et le préserver des fureurs jansénistes. Le philosophe Helvétius consentit à répéter dans un écrit particulier ce qu'il avoit dit dans sa préface, « que si, contre son attente, quelques uns de ses principes n'étoient pas conformes à l'intérêt du genre humain, il déclaroit d'avance qu'il les désavouoit, et que, sans garantir la vérité d'aucune de ses maximes, il ne garantissoit que la droiture et la pureté de ses intentions. ».

Le jésuite se fit d'abord valoir d'avoir obtenu une espece de rétractation ; mais il en vouloit une plus précise, plus détaillée, et sur-tout humiliante : il inspiroit à la reine la volonté de l'exiger ; il montroit à Helvétius la nécessité de s'y résoudre, et n'en pouvoit rien obtenir. Il écrivoit à l'épouse d'Helvétius pour l'effrayer ; mais il trouvoit une femme courageuse, déterminée à passer, avec son mari et ses enfants, dans les pays étrangers. Il réussit mieux auprès de la mere du philosophe. Elle fut persuadée que son fils devoit à la reine les démarches que cette princesse lui demandoit. Elle insista, et déchira long-temps le cœur d'Helvétius, sans pouvoir l'ébranler.

Il croyoit s'être exprimé dans son livre avec une bienséance et une réserve qui devoient le mettre à l'abri de la censure. Et de plus il s'étoit soumis à toutes les formalités juridiques; il avoit eu un censeur royal, dont il avoit respecté les jugements. Comment pouvoit-il être coupable? Quand même son livre auroit été répréhensible, on ne pouvoit s'en prendre qu'au censeur; et c'est ce qu'on fit craindre à Helvétius. Il ne pouvoit soutenir l'idée qu'il alloit être la cause de la disgrace, peut-être même de la perte, d'un homme estimable; et, pour le sauver, il signa ce qu'on voulut.

Ainsi, pour avoir démontré que l'unique maniere de rendre les hommes vertueux et heureux étoit d'accorder l'intérêt particulier avec l'intérêt général, Helvétius fut traité comme Galilée le fut pour avoir démontré le mouvement de la terre. Galilée, après avoir demandé pardon à genoux, dit en se relevant : *E però si muove*. La postérité a été de son avis ; et plus elle s'éclairera, et plus elle pensera comme Helvétius.

On croit bien que sa soumission n'appaisa pas les prêtres. Il reçut ordre de se défaire de sa charge ; et M. Tercier, son censeur, fut destitué de sa place de premier commis aux affaires étrangères. Ces rigueurs furent l'ouvrage des jésuites. Les jansénistes vouloient aller plus loin. Le parlement, qui assurément entendoit peu le livre de l'*Esprit*, alloit poursuivre M. Tercier et Helvétius, lorsqu'un arrêt du conseil, qui se bornoit à supprimer le livre, sauva l'auteur et le censeur.

Tandis qu'une secte de théologiens se ménageoit le plaisir d'humilier un grand homme, et qu'une autre se flattoit de l'espérance de le faire brûler, les journalistes de France mêlerent leur voix à celle de ces tigres. Ils traiterent le livre de l'*Esprit* comme ils traitent tout ouvrage qui s'éleve au-dessus du médiocre. Leurs critiques ont été répétées, et le sont encore, par des hommes de bonne foi, et qui n'ont de commun avec les journalistes que de ne pas entendre Helvétius.

On l'accusa de n'avoir rien dit que les anciens n'eussent dit avant lui.

Sans doute plusieurs des vérités qui se trouvent dans son livre se trouvent chez les anciens ; mais là elles sont éparses, isolées, sans qu'on ait apperçu les rapports qui sont entre elles. Dans Helvétius, au contraire, elles sont liées, elles s'appuient, et forment le système de l'homme.

Cette vérité, *Toutes nos idées nous viennent des sens*, se trouve dans Aristote et dans Epicure ; mais ce n'est que dans Locke qu'elle est développée, démontrée, et qu'elle fonde la connoissance de l'esprit humain. Par conséquent, c'est à Locke qu'elle appartient.

Ce qui est vice au nord est vertu au midi, est dans Montagne comme dans Helvétius : mais dans Montagne cette vérité est donnée comme un phénomene dont on ignore la cause ; dans le livre de l'*Esprit* la cause en est assignée. Les vérités appartiennent moins à ceux qui les proferent comme de simples assertions, qu'à ceux qui les démontrent, les développent, les lient à d'autres vérités, et les rendent plus fécondes.

On accusa Helvétius de manquer de méthode. On a fait le même reproche à M. de Montesquieu ; et ce reproche n'a été fait que par des hommes dont la tête, faute d'attention ou de capacité, n'a pas saisi l'ensemble du livre de l'*Esprit*, ou de l'Esprit des lois. La chaîne des idées échappe dans M. de Montesquieu, parcequ'il est obligé d'omettre souvent les idées intermédiaires; mais cette chaîne n'existe pas moins. Elle échappe dans Helvétius, parceque les idées intermédiaires étant ou très neuves, ou très importantes, il les développe, il les étend, il les embellit. Alors l'esprit, frappé de plusieurs détails, perd de vue la suite des idées principales; mais cette suite n'est pas moins dans l'ouvrage.

On osa dire qu'Helvétius anéantissoit toutes les vertus, parcequ'il faisoit de l'intérêt le mobile de toutes les actions. Mais qu'est-ce qu'Helvétius entend par le mot d'intérêt? L'amour du plaisir, l'aversion de la douleur. A quoi se réduit donc ce qu'il dit? A cette vérité éternelle que, soit dans la vertu, soit dans les plaisirs, le desir de notre bonheur est toujours notre mobile.

On l'accusa aussi de favoriser la corruption des mœurs et le libertinage, parcequ'il parle de l'enthousiasme de vertu et de gloire que l'amour des femmes a souvent inspiré chez les Spartiates, chez les Samnites, et chez nos ancêtres. On voit cependant dans les principes d'Helvétius, que, si le libertinage régnoit chez un peuple, les femmes y seroient trop peu estimées pour que le desir de leur plaire devînt un mobile puissant, et que, quand les plaisirs sont communs, ou faciles, on ne les achete ni par des travaux ni par des dangers.

On blâme Helvétius de parler froidement des vertus privées et seulement utiles à de petites sociétés. Ce n'est pas qu'il ne sentît l'estime qui leur est due; il les possédoit toutes. Mais elles sont moins son objet que les vertus qui contribuent au bonheur et à la gloire des nations; et quand ces grandes vertus sont une fois établies par de bonnes lois, les autres en deviennent la suite nécessaire.

Ce que le commun des lecteurs a le moins pardonné à Helvétius, c'est d'avoir prétendu que tous les hommes naissoient avec la même disposition à l'esprit, et qu'il n'y avoit pas d'homme que l'éducation et le travail ne pussent élever au rang de génie. Selon lui, c'est l'éducation seule qui distingue les hommes. La nature les a faits égaux. Il compte pour rien les différences du tempérament, de la constitution physique ; il suppose que l'organe intérieur qui reçoit les sensations est le même dans toutes les têtes, qu'il reçoit ces sensations de la même maniere, qu'il opere dans tous avec la même facilité ; et qu'enfin les circonstances seules et l'éducation ont fait Newton géomètre, Homere poëte, Raphaël peintre ; et tel critique un sot. Il emploie toutes ses forces pour établir cette opinion ; et il faut convenir que jusqu'à présent il ne l'a pas persuadée. Mais, des efforts qu'il fait pour la prouver, il résulte l'évidence d'une très grande vérité : c'est qu'en général, pour étendre et former nos talents, nos qualités, nous comptons trop sur la nature, et pas assez sur l'éducation. Cette maxime de Locke, que nous naissons les disciples des objets qui nous environnent, est mise dans tout son jour par Helvétius. Il faut dire encore que, si chaque homme n'est pas né avec les mêmes dispositions qu'un autre, les hommes considérés en masse sont réputés égaux. Le législateur qui commande à vingt millions d'hommes doit voir à tous les mêmes facultés; et ses lois, comme celles de la nature, doivent être générales. Elles ne doivent choisir personne pour inspirer à lui seul la vertu ou le génie. C'est au philosophe qui observe les hommes dans le détail à voir les différences que la nature a mises entre eux. Mais ces différences s'anéantissent aux yeux du législateur.

Sans m'arrêter davantage aux critiques faites contre l'un des meilleurs ouvrages de ce siecle, je dirai qu'il fut condamné à Rome par l'inquisition, mais que cette condamnation, sollicitée par le clergé de France, n'eut aucun effet en Italie. Le livre y fut traduit, admiré, et réimprimé. Plusieurs hommes revêtus des premieres dignités de l'église, et entre autres le cardinal Passionnei, s'empresserent d'écrire à l'auteur pour le remercier du plaisir qu'il leur avoit donné. Un autre cardinal, que nous ne nommons point parcequ'il vit encore, lui mandoit « qu'on ne concevoit pas à Rome la sottise et la méchanceté des prêtres français ». Tous les journaux d'Italie le comblerent d'éloges.

L'un dit, en parlant du livre: *Questa è un opra che all' umanità apporterà infallibilmente un gran vantaggio.* Un autre dit de l'auteur: *Il grande autore deè rallegrarsi, essendo sicuro della gratitudine e della stima che per lui avranno i veri dotti, e quelli che ben comprendono le di lui grande idee.*

Le succès fut le même en Angleterre. Traduit à Londres, il s'en fit plusieurs éditions dans la premiere année. En Écosse, MM. Hume et Robertson en parlerent comme d'un ouvrage supérieur. Plusieurs poëtes anglais le célébrerent. Il n'eut de critiques dans cette île éclairée que celles d'un petit nombre de partisans que s'y conserve la philosophie de Platon, embellie et rendue spécieuse par milord Shafsterburi.

En Allemagne, il parut d'abord deux traductions du livre d'Helvétius. Le fameux Gottschetd mit à la tête d'une de ces traductions une préface dans laquelle il dit « que si le livre de l'Esprit a été condamné en France et dans un pays qui croit à l'infaillibilité du pape, il doit réussir chez les protestants et dans les pays où les hommes ont conservé leurs droits ». Il ajoute « que l'auteur vient de détruire plusieurs préjugés funestes à sa patrie, et qu'il éclaire le monde sur les principes de la morale et de la législation. »

Son livre fut lu avec avidité dans toutes les cours d'Allemagne, et il fut reçu avec les mêmes transports en Suede, et jusqu'en Russie. La reine de Suede disoit à un homme qu'elle honoroit de sa confiance : « Que je voudrois m'entretenir avec M. Helvétius ! Je voudrois au moins qu'il sût le plaisir qu'il me donne. Écrivez-lui de ma part combien je l'admire. »

L'ambassadeur de France à Pétersbourg lui écrivoit : « J'ai trouvé en arrivant l'esprit russe aussi occupé du vôtre que tout le reste de l'Europe ; et c'est avec un grand plaisir que je me charge d'être l'interprete des gens éclairés de cette nation. Je prends la liberté de m'étendre avec eux sur vos qualités. Comme citoyen et comme ministre, je dois connoître et faire connoître tout ce qui honore ma patrie. »

Le petit nombre de Français dont les suffrages méritent d'être comptés citoient le livre de l'Esprit avec éloge dans leurs ouvrages, et le défendoient avec chaleur dans la conversation. Voltaire donnoit à Helvétius les témoignages les plus flatteurs de son estime :

Vos vers semblent écrits par la main d'Apollon ;
Vous n'en avez pour fruit que ma reconnoissance :

Votre livre est dicté par la saine raison ; Partez vîte, et quittez la France.

Voltaire lui offre un asyle ; il le console, il le soutient, il l'encourage ; il lui souhaite et lui propose de vivre dans une entiere indépendance, où il puisse faire usage de son amour pour la vérité, de son éloquence et de son génie. Il écrit en même temps à d'autres personnes qu'il est le partisan le plus zélé d'Helvétius, que notre nation est bien ridicule, et que, sitôt qu'il paroît une vérité parmi nous, tout le monde est alarmé comme si les Anglais faisoient une descente. Il ajoute qu'en Angleterre le livre de l'Esprit n'auroit fait à son auteur que des disciples et des amis, parcequ'au lieu d'hypocrites et de petits importants, les Anglais n'ont que des philosophes qui nous instruisent, et des marins qui nous donnent sur les oreilles. Il invite surtout ses compatriotes à imiter les Anglais dans leur noble liberté de penser, et leur profond mépris pour les fadaises de l'école. Il assure que depuis long-temps il n'a pas vu un seul honnête homme qui, sur les choses essentielles, ne pensât comme Helvétius.

Tant de suffrages illustres, les éditions du livre de l'Esprit qui se succédoient rapidement, son succès chez toutes les nations, le témoignage que l'auteur pouvoit se rendre d'avoir fait un livre utile au genre humain, les signes éclatants de la reconnoissance universelle, le doux sentiment de sa gloire, guérirent bientôt les blessures qu'avoient faites à Helvétius la cabale et l'envie. Il fut plus heureux que jamais.

Il passoit la plus grande partie de l'année à sa terre de Voré. Bon mari et bon pere, content de sa femme et de ses enfants, il y goûtoit tous les plaisirs de la vie domestique. Le bonheur de cette famille étoit remarqué de ceux mêmes qui étoient le moins faits pour le sentir. Une femme du monde disoit en parlant d'eux : « Ces gens-là ne prononcent point comme nous les mots de mon mari, ma femme, mes enfants. »

Helvétius s'étoit préparé depuis

long-temps une autre source de bonheur. A peine avoit-il été possesseur de sa terre de Voré, qu'il s'y étoit livré à son caractere de bienfaisance.

Il y avoit dans cette terre un gentilhomme nommé M. de Vasseconcelle. Il ne possédoit qu'un petit bien chargé de redevances au seigneur, et depuis long-temps il ne les avoit pas payées. Helvétius, en achetant la terre, achetoit aussi les droits sur les sommes qu'on devoit à Voré. Les gens d'affaires, pour faire leur cour au nouveau seigneur, ne manquerent pas d'exiger avec rigueur tout ce qui lui étoit dû. Il étoit arrivé depuis quelques jours, lorsqu'on lui annonça M. de Vasseconcelle. Celui-ci dit à Helvétius que l'état de ses affaires ne lui avoit pas permis depuis plusieurs années de payer ce qu'il devoit au seigneur de Voré; qu'il n'étoit pas en état dans ce moment de donner le tout; mais qu'il s'engageoit, pour l'avenir, à payer exactement l'année courante, et les arrérages d'une année. Il ajouta que, si l'on en exigeoit davantage, et si l'on continuoit les procédures, on le ruineroit sans ressource. « Je sais, lui dit le philosophe, que vous êtes un galant homme, et que vous n'êtes pas riche. Vous me paierez à l'avenir comme vous le pourrez; et voici un papier qui doit empêcher mes gens d'affaires de vous inquiéter. » Il lui donne une quittance générale.

M. de Vasseconcelle se jette à ses genoux en s'écriant : « Ah! monsieur, vous sauvez la vie à ma femme et à cinq enfants ». Helvétius le releve en l'embrassant, lui parle avec l'intérêt le plus noble et le plus tendre, et lui fait accepter une pension de 1000 livres pour élever ses enfants.

D'autres gentilshommes, ou voisins ou vassaux d'Helvétius, eurent recours à lui dans leurs besoins ; plusieurs furent prévenus. Ceux qui pendant la guerre avoient une troupe à rétablir, ou un équipage à faire, ceux qui avoient des enfants à élever, un bien en désordre, pouvoient compter sur le seigneur de Voré. Entre tous les hommes de cette classe qu'il a obligés, nous ne nommerons que MM. de l'Étang, qui n'ont jamais voulu taire les bienfaits qu'ils ont reçus d'Helvétius.

Si ses fermiers essuyoient quelque perte, si l'année n'étoit pas féconde, il leur faisoit d'abord des remises, et souvent leur donnoit de l'argent. Il avoit fixé dans ses terres un chirurgien, homme de mérite. Il avoit établi une pharmacie bien fournie de tout, et dont les remedes étoient distribués à tous ceux qui en avoient besoin. Dès qu'un paysan tomboit malade, il recevoit de la viande, du vin, et tout ce qui convenoit à son état. Helvétius alloit le voir souvent, il le consoloit, il avoit soin qu'il fût bien servi ; quelquefois il le servoit lui-même. Il avoit une manière assez sûre de terminer les procès ; il payoit d'abord le prix de la chose contestée.

Il étoit l'ami zélé et attentif du petit nombre de paysans qui montroient des mœurs et de la bonté ; il étoit flatté d'avoir pour convives des vieillards, des femmes décrépites, qui avoient toute la grossièreté de leur état, mais qui étoient justes, et faisoient du bien.

Il a fait souvent jouir ses amis d'un spectacle délicieux, celui de son arrivée à la campagne. Femmes, vieillards, enfants, venoient l'entourer, l'embrasser, poussoient des cris et versoient des larmes de joie. A son départ, son carrosse étoit long-temps suivi d'une foule de ses vassaux, ou seulement de ses voisins.

Il excitoit le travail dans toutes ses terres; et il vouloit exciter l'industrie à Voré, parcequ'elle pouvoit seule donner aux habitants une aisance que leur refuse la stérilité du terrain. Il essaya de faire faire du point d'Alençon; mais, jusqu'à présent, cet essai n'a pas réussi. Il a été plus heureux dans une autre entreprise: après avoir été trompé par des agents infideles ou peu intelligents, il a enfin établi une manufacture de bas au métier, qui fait de jour en jour de nouveaux progrès.

Il passoit toutes ses matinées à méditer et à écrire; le reste du jour, il cherchoit de la dissipation. Il aimoit la chasse ; mais, pour la rendre plus agréable, il n'imaginoit pas de multiplier le gibier. Il est vrai qu'il n'aimoit pas à le voir détruire par d'autres que par lui. Cependant il étoit entouré de braconniers. Il fit faire des défenses sévères ; mais les gardes, qui le connoissoient, ne portoient pas fort loin la sévérité. Un jour un paysan vint chasser jusque sous les fenêtres du château. Helvétius en fut irrité, et ordonna que cet homme fût veillé de près, et arrêté à la première occasion. Dès le lendemain on lui amène le coupable. Helvétius, fort en colère, se leve, et court au chasseur, que deux gardes traînoient dans la cour du château. Après l'avoir regardé un moment, « Mon ami, lui dit-il, vous avez de grands torts avec moi. Si vous aviez besoin de gibier, pourquoi ne m'en avoir pas demandé? je vous en aurois donné ». Après ce peu de mots, il fit rendre la liberté au paysan, et lui fit donner du gibier.

Cependant Mme Helvétius, indignée de l'insolence des braconniers, assuroit son mari que tant qu'il ne les puniroit pas ils continueroient leurs chasses. Il en convint, et promit d'user de rigueur. Il ordonna à ses gardes de faire payer l'amende à quiconque tireroit sur ses terres, et de le désarmer. Peu de jours après ces ordres, ils arrêtent un paysan qui chassoit, lui ôtent son fusil, et le conduisent en prison, dont il ne sortit qu'après avoir payé l'amende. Helvétius, informé de cette aventure, va trouver le paysan, mais en secret, dans la crainte d'essuyer les reproches de Mme Helvétius. Après avoir fait promettre à ce braconnier qu'il ne parleroit pas de ce qui alloit se passer entre eux, il lui paye le prix de son fusil, et lui rend la somme à laquelle l'amende et les frais pouvoient se monter. Mme Helvétius, de son côté, n'étoit pas tranquille : elle disoit à ses enfants : « Je suis la cause que ce pauvre homme est ruiné ; c'est moi qui ai excité votre père à faire punir les braconniers ». Elle se fait conduire chez celui qui lui faisoit tant de pitié ; elle demande à quoi se monte la somme de l'amende et des frais, et le prix du fusil; elle paye le tout; et le paysan reçut l'argent sans manquer au secret qu'il avoit promis à Helvétius.

La même année, à son retour à Paris, il lui arriva une petite aventure qui prouve que sa philosophie et sa bonté ne le quittoient jamais. Son carrosse fut arrêté dans une rue par une charrette chargée de bois, et qui pouvoit se détourner aisément, et rendre la rue libre. Elle n'en fit rien. Helvétius, impatienté, traita de coquin le conducteur de la charrette. « Vous avez raison, lui dit le paysan; je suis un coquin et vous un honnête homme : car je suis à pied, et vous êtes en carrosse ». — « Mon ami, lui dit Helvétius, je vous demande pardon ; mais vous venez de me donner une excellente leçon, que je dois payer ». Il lui donna six francs, et le fit aider par ses gens à ranger la charrette.

Après avoir passé sept ou huit mois dans ses terres, il ramenoit sa famille à Paris, et y vivoit dans une assez grande retraite avec quelques amis de tous les états, qui lui convenoient par leurs lumieres et par leurs mœurs. Seulement il donnoit un jour de la semaine aux simples connoissances. Ce jour-là, sa maison étoit le rendez-vous de la plupart des hommes de mérite de la nation, et de beaucoup d'étrangers : princes, ministres, philosophes, grands seigneurs, littérateurs, étoient empressés de connoître Helvétius.

Un genre de vie si délicieux ne fut interrompu que par deux voyages agréables. Il voulut voir l'Angleterre, et connoître cette nation célebre à qui l'Europe doit tant de lumieres. Il vouloit voir l'effet des bonnes lois et d'une administration vigilante. Il partit pour Londres au mois de mars 1764. Il fut reçu du roi, des hommes en place, des savants, comme devoit l'être un homme illustre que sa réputation avoit devancé. Il vit les campagnes; il ne les trouva pas mieux cultivées que celles de France; mais il trouvoit des cultivateurs plus heureux. Il remarquoit dans le peuple de l'intérieur de l'Angleterre beaucoup d'humanité, et rien de cette insolence que les étrangers reprochent quelquefois aux habitants de Londres.

En traversant un bourg de la province d'York-Shire, un postillon mal-adroit le renversa; les glaces de la chaise furent brisées, et le postillon, qui avoit été fort froissé, jetoit des cris. Helvétius, que les éclats des glaces avoient blessé, sortant de sa chaise, les mains sanglantes, ne s'occupa que du postillon. Quelques paysans, qui étoient accourus pour les secourir, remarquerent ce trait d'humanité, et le firent remarquer à d'autres. Dans le moment, Helvétius fut environné de tous les habitants du bourg. Tous s'empressoient de lui offrir leur maison, leurs chevaux, des vivres, enfin des secours de toute espece. Plusieurs, et même des plus riches, vouloient lui servir de postillon.

Il remarquoit dans les Anglais un amour extrême pour leurs enfants. Ce qu'on appelle en France l'esprit de société leur est presque inconnu, mais ils jouissent beaucoup des douceurs de la vie domestique. L'esprit de société rassemble à Paris des hommes qui ont le besoin des amusements frivoles : l'esprit de société rassemble les Anglais pour s'occuper des intérêts et de la prospérité de leur patrie. Ils ne cherchent pas les dissipations, parcequ'ils ont des jouissances solides. On voit peu en Angleterre ce rire plus souvent le signe de la folie que l'expression du bonheur; mais on y voit l'aisance, et un sage emploi du temps. On voit un peuple sérieux, occupé, et content. Helvétius, en quittant ce pays où il n'avoit point vu l'humanité humiliée et souffrante, répandit des larmes.

Il céda l'année suivante aux instances du roi de Prusse, et de plusieurs princes, qui depuis long-temps l'invitoient à faire un voyage en Allemagne. Depuis qu'on savoit qu'il pouvoit se déterminer à voyager, les instances devenoient plus vives ; et il partit à la fin de l'hiver de 1765. Il étoit pressé de se rendre à Berlin, et de voir un grand homme. Le roi de Prusse voulut le loger, et ne permit pas qu'il eût une autre table que la sienne. Il l'entretint souvent, et prit pour sa personne et son caractere l'estime qu'il avoit pour son esprit. Il fut accueilli avec la même considération chez plusieurs princes d'Allemagne, et sur-tout à Gotha.

Il remarquoit, en général, dans toutes ces cours et dans la noblesse allemande, de la philosophie, de l'amour de l'ordre, et de l'humanité. Il résulte de cet esprit que, sous le joug de plusieurs princes, dont la plupart sont despotes, le peuple n'est point misérable. Helvétius avoit alors quelque crainte d'être encore persécuté en France. Tous les princes d'Allemagne lui offroient à l'envi une retraite. Tous vouloient l'arrêter. Il fut regretté de tous. Cependant si la persécution s'étoit renouvelée contre lui, l'Angleterre est le pays qu'il auroit choisi pour asyle.

En attendant, il revint en France. On y avoit dissous l'ordre des jésuites. Cette société d'intrigants, cette cabale éternelle, à laquelle se rallioient tous les ambitieux sans mérite, cette société funeste aux mœurs et aux progrès des lumieres, n'avoit point été proscrite par des philosophes. Ils auroient détruit l'ordre ; mais ils auroient bien traité les individus. Les parlements, pour la plupart jansénistes, avoient traité l'ordre comme ils le devoient, et les individus avec barbarie.

Helvétius avoit appris que ce jésuite qui avoit abusé de sa confiance et trahi son amitié, ce jésuite qui lui avoit fait perdre les bontés de la reine, et animé contre lui les tartuffes de la cour, étoit confiné dans un village où il souffroit dans sa vieillesse la plus extrême pauvreté. Il alla trouver un des amis de ce malheureux, et lui donna cinquante louis. « Portez-les, lui dit-il, au père *** ; mais ne lui dites pas qu'ils viennent de moi : il m'a offensé, et il seroit humilié de recevoir mes secours. »

Helvétius, dans sa retraite de Voré, s'occupoit à développer, à prouver, les principes du livre de l'*Esprit*.

Il avoit d'abord travaillé à les justifier, à répondre aux critiques; mais l'ouvrage fut à peine fini, que les critiques étoient oubliées. Renonçant à ce projet, il aima mieux suivre ses premieres idées et former un plan général d'éducation. C'est le sujet de son livre de l'*Homme*, dont il a donné lui-même cette analyse.

Après avoir, dans l'exposition de cet ouvrage, dit un mot de son importance, de l'ignorance où l'on est des vrais principes de l'éducation, enfin, de la sécheresse de ce sujet, et de la difficulté de le traiter, il examine, section I,

« Si l'éducation nécessairement différente des divers hommes n'est pas la cause de cette inégalité des esprits jusqu'à présent attribuée à l'inégale perfection des organes. »

L'auteur demande, à cet effet, à quel âge commence l'éducation de l'homme, et quels sont ses instituteurs.

Il voit que l'homme est disciple de tous les objets qui l'environnent, de toutes les positions où le hasard le place, enfin de tous les accidents qui lui arrivent ;

Que ces objets, ces positions et ces accidents, ne sont exactement les mêmes pour personne, et qu'ainsi nul ne reçoit les mêmes instructions ;

Que dans la supposition impossible où les hommes eussent les mêmes objets sous les yeux, ces objets ne les frappant point dans le moment précis où leur ame se trouve dans la même situation, ces objets en conséquence n'exciteroient point en eux les mêmes idées, et qu'ainsi la prétendue uniformité d'instruction reçue, soit dans les colleges, soit dans la maison paternelle, est une de ces suppositions dont l'impossibilité est prouvée et par le fait et par l'influence qu'un hasard indépendant des maîtres a et aura toujours sur l'éducation de l'enfance et de l'adolescence.

D'après ces données, il considere l'extrême étendue du pouvoir du hasard, et examine

Si les hommes illustres ne lui doivent pas souvent leur goût pour tel ou tel genre d'étude, et, par conséquent, leurs talents et leurs succès en ce même genre :

Si l'on peut perfectionner la science de l'éducation, sans resserrer les bornes de l'empire du hasard:

Si les contradictions actuelles apperçues entre tous les préceptes de l'éducation n'étendent pas l'empire de ce même hasard:

Si ces contradictions, dont il donne quelques exemples, ne doivent point être regardées comme un effet de l'opposition qui se trouve entre le systême religieux et le systême du bonheur public:

Si l'on pourroit rendre les religions moins destructives de la félicité nationale, et les fonder sur des principes plus conformes à l'intérêt général :

Quels sont ces principes :

S'il est possible qu'un prince éclairé les établisse :

Si, parmi les fausses religions, il en est quelques unes dont le culte ait été moins contraire au bonheur des sociétés, et, par conséquent, à la perfection de la science de l'éducation :

Si, d'après ces divers examens, et dans la supposition où tous les hommes auroient une égale aptitude à l'esprit, la seule différence de leur éducation ne devroit pas en produire une dans leurs idées et leurs talents. D'où il suit que l'inégalité actuelle des esprits ne peut être regardée, dans les hommes communément bien organisés, comme une preuve démonstrative de leur inégale aptitude à en avoir.

Il examine, section II,

« Si tous les hommes communément bien organisés n'auroient pas une égale aptitude à l'esprit. »

Il convient d'abord que toutes nos idées nous viennent par les sens; qu'en conséquence on a dû regarder l'esprit comme un pur effet, ou de la finesse plus ou moins grande des cinq sens, ou d'une cause occulte ou non déterminée, à laquelle on a vaguement donné le nom d'organisation :

Que, pour prouver la fausseté de cette opinion, il faut recourir à l'expérience, se faire une idée nette du mot *Esprit*, le distinguer de l'ame; et, cette distinction faite, observer:

Sur quels objets l'esprit agit:

Comment il agit;

Si toutes ses opérations ne se réduiroient pas à l'observation des ressemblances et des différences, des convenances et des disconvenances que les objets divers ont entre eux et avec nous, et si, par conséquent, tous les jugements portés sur les objets physiques ne seroient pas de pures sensations;

S'il n'en seroit pas de même des jugements portés sur les idées auxquelles on donne les noms d'abstraites, de collectives, etc.

Si, dans tous les cas, juger et comparer seroit autre chose que *voir alternativement*, c'est-à-dire *sentir*;

Si l'on peut éprouver l'impression des objets, sans cependant les comparer entre eux;

Si leur comparaison ne suppose point intérêt de les comparer;

Si cet intérêt ne seroit pas la cause unique et ignorée de toutes nos idées, nos actions, nos peines, nos plaisirs, enfin de notre sociabilité.

Sur quoi il observe que cet intérêt prend, en derniere analyse, sa source dans la sensibilité physique; que cette sensibilité, par conséquent, est le seul principe des idées et des actions humaines;

Qu'il n'est point de motif raisonnable pour rejeter cette opinion;

Que, cette opinion une fois démontrée et reconnue pour vraie, on doit nécessairement regarder l'inégalité des esprits comme l'effet,

Ou de l'inégale étendue de la mémoire,

Ou de la plus ou moins grande perfection des cinq sens;

Que, dans le fait, ce n'est ni la grande mémoire, ni l'extrême finesse des sens, qui produit et doit produire le grand esprit;

Qu'à l'égard de la finesse des sens, les hommes communément bien organisés ne different que dans la nuance de leurs sensations;

Que cette légere différence ne

change point le rapport de leurs sensations entre elles; que cette différence, par conséquent, n'a nulle influence sur leur esprit, qui n'est et ne peut être que la connoissance des vrais rapports des objets entre eux;

Cause de la différence des opinions des hommes;

Que cette différence est l'effet de la signification incertaine et vague de certains mots; tels sont ceux

De bon,

D'intérêt,

Et de vertu;

Que les mots precisément définis, et leur définition consignée dans un dictionnaire, toutes les propositions de morale, politique, et métaphysique, deviennent aussi susceptibles de démonstrations que les vérités géométriques;

Que, du moment où l'on attachera les mêmes idées aux mêmes mots, tous les esprits adopteront les mêmes principes, en tireront les mêmes conséquences;

Qu'il est impossible, puisque les objets se présentent à tous dans les mêmes rapports, qu'en comparant ces objets entre eux, les hommes (soit dans le monde physique, comme le prouve la géométrie, soit dans le monde intellectuel, comme le prouve la métaphysique) ne parviennent aux mêmes résultats;

Que la vérité de cette proposition se prouve, et par la ressemblance des contes des fées, des contes philosophiques, des contes religieux de tous les pays, et par l'uniformité des impostures par-tout employées par les ministres des fausses religions pour accroître et conserver leur autorité sur les peuples.

De tous ces faits il résulte que, la finesse plus ou moins grande des sens ne changeant en rien la proportion dans laquelle les objets nous frappent, tous les hommes communément bien organisés ont une égale aptitude à l'esprit.

Pour multiplier les preuves de cette importante vérité, l'auteur la démontre encore dans la même section par un autre enchaînement de propositions. Il fait voir que les plus sublimes idées, une fois simplifiées, sont, de l'aveu de tous les philosophes, réductibles à cette proposition claire : *le blanc est blanc : le noir est noir;*

Que toute vérité de cette espece est à la portée de tous les esprits; qu'il n'en est donc aucune, quelque grande et générale qu'elle soit, qui, nettement présentée et dégagée de l'obscurité des mots, ne puisse être également saisie de tous les hommes communément bien organisés. Or, pouvoir également atteindre aux plus hautes vérités, c'est avoir une égale aptitude à l'esprit. Telle est la conclusion de la seconde section.

L'objet de la troisieme section est la recherche des causes auxquelles on peut attribuer l'inégalité des esprits.

Ces causes se réduisent à deux.

L'une est le desir inégal que les hommes ont de s'éclairer;

L'autre, la diversité des positions où le hasard les place : diversité de laquelle résulte celle de leur instruction et de leurs idées. Pour faire sentir que c'est à ces deux causes seules qu'on doit rapporter et la différence et l'inégalité des esprits, l'auteur prouve que la plupart de nos découvertes sont des dons du hasard;

Que les mêmes dons ne sont pas accordés à tous;

Que néanmoins ce partage n'est pas si inégal qu'on l'imagine;

Qu'à cet égard c'est moins le hasard qui nous manque, que nous qui manquons au hasard;

Qu'à la vérité tous les hommes communément bien organisés ont également d'esprit en puissance; mais que cette puissance est morte en eux, lorsqu'elle n'est point mise en action par une passion telle que l'amour de l'estime, de la gloire, etc.;

Que les hommes ne doivent qu'à de telles passions l'attention propre à féconder les idées que le hasard leur offre;

Que, sans passions, leur esprit peut, si l'on veut, être regardé comme une machine parfaite, mais dont le mouvement est suspendu jusqu'à ce que les passions le lui rendent.

D'où l'on doit conclure que l'inégalité des esprits est dans les hommes le produit et du hasard et de l'inégale vivacité de leurs passions. Mais de telles passions seroient-elles en eux l'effet de la force de leur tempérament ? C'est ce qu'Helvétius examine dans la section quatrieme.

Il y démontre :

Que les hommes communément bien organisés sont susceptibles du même degré de passion ;

Que leur force inégale est toujours en eux l'effet de la différence des positions où le hasard les place ;

Que le caractere original de chaque homme, comme l'observe Pascal, n'est que le produit de ses premieres habitudes ; que l'homme naît sans idées, sans passions, et sans autres besoins que ceux de la faim et de la soif, par conséquent sans caractere; qu'il en change souvent sans changer d'organisation; que ces changements, indépendants de la finesse plus ou moins grande de ses sens, s'operent d'après des changements survenus dans sa position et ses idées;

Que la diversité des caracteres dépend uniquement de la maniere différente dont se modifie dans les hommes le sentiment de l'amour d'eux-mêmes ;

Que ce sentiment, effet nécessaire de la sensibilité physique, est commun à tous ; qu'il produit dans tous l'amour du pouvoir ;

Que ce desir y engendre l'envie, l'amour des richesses, de la gloire, de la considération, de la justice, de la vertu, de l'intolérance, enfin toutes les passions factices dont les noms divers ne désignent que les diverses applications de l'amour du pouvoir.

Cette vérité prouvée, l'on montre, dans une courte généalogie des passions, que si l'amour du pouvoir n'est qu'un pur effet de la sensibilité physique, et si tous les hommes communément bien organisés sont sensibles, tous, par conséquent, sont susceptibles de l'espece de passion propre à mettre en action l'égale aptitude qu'ils ont à l'esprit.

Mais ces passions peuvent-elles s'allumer aussi vivement dans tous? Ce qu'on peut assurer, c'est que l'amour de la gloire peut s'exalter dans l'homme au même degré de force que le sentiment de l'amour de lui-même; c'est que la force de ce sentiment est dans tous les hommes plus que suffisant pour les douer du degré d'attention qu'exige la découverte des plus hautes vérités; c'est que l'esprit humain, en conséquence, est susceptible de perfectibilité; et qu'enfin, dans les hommes communément bien organisés, l'inégalité des talents ne peut être qu'un pur effet de la différence de leur éducation, dans laquelle différence je comprends celle des positions où le hasard les place.

Dans la section V, l'auteur se propose de montrer les erreurs et les contradictions de ceux qui, sur cette question, adoptent des principes différents des siens, et qui rapportent à l'inégale perfection des organes des sens l'inégale supériorité des esprits.

Nul n'a sur cette matière mieux écrit que M. Rousseau. Mais, toujours contraire à lui-même, il regarde tantôt l'esprit et le caractere comme l'effet de la diversité des tempéraments, et tantôt adopte l'opinion contraire.

Que de ses contradictions à ce sujet il résulte;

Que la vertu, l'humanité, l'esprit et les talents, sont des acquisitions ;

Que la bonté n'est point le partage de l'homme au berceau ;

Que les besoins physiques sont en lui des semences de cruauté ;

Que l'humanité, par conséquent, est toujours le produit ou de la crainte, ou de l'éducation.

Que M. Rousseau, d'après ses premieres contradictions, tombe sans cesse dans de nouvelles ; qu'il croit tour-à-tour l'éducation utile et inutile.

De l'heureux usage qu'on peut faire dans l'instruction publique de quelques idées de M. Rousseau ;

Que, d'après cet auteur, il ne

faut pas croire l'enfance et la premiere jeunesse sans jugement.

Des prétendus avantages de l'âge mûr sur l'adolescence : qu'ils sont nuls.

Des éloges donnés par M. Rousseau à l'ignorance ; des motifs qui l'ont déterminé à s'en faire l'apologiste :

Que les lumieres n'ont jamais contribué à la corruption des mœurs ; que M. Rousseau lui-même ne le croit pas.

Des causes de la décadence des empires : qu'entre ces causes l'on ne peut citer la perfection des arts et des sciences ;

Et que leur culture retarde la ruine d'un empire despotique.

Dans la section VI, Helvétius

considere les divers maux produits par l'ignorance.

Il prouve que l'ignorance n'est point destructive de la mollesse;

Qu'elle n'assure point la fidélité des sujets ;

Qu'elle juge sans examen les questions les plus importantes.

En citant celle du luxe en exemple,

Il prouve qu'on ne peut résoudre cette question sans comparer une infinité d'objets entre eux;

Sans attacher d'abord des idées nettes au mot *luxe;* sans examiner ensuite,

Si le luxe ne seroit pas utile et nécessaire ; s'il suppose toujours intempérance dans une nation.

De la cause du luxe : si le luxe ne seroit pas lui-même l'effet des calamités publiques dont on l'accuse d'être l'auteur ;

Si, pour connoître la vraie cause du luxe, il ne faut pas remonter à la formation des sociétés, y suivre les effets de la grande multiplication des hommes ;

Observer si cette multiplication ne produit point entre eux division d'intérêt, et cette division une répartition trop inégale des richesses nationales.

Des effets produits, et par le partage trop inégal de l'argent, et par son introduction dans un empire.

Des biens et des maux qu'elle y occasionne.

Des causes de la trop grande inégalité des fortunes.

Des moyens de s'opposer à la réunion trop rapide des richesses dans les mêmes mains.

Des pays où l'argent n'a point de cours.

Quels sont en ces pays les principes productifs de la vertu.

Des pays où l'argent a cours.

Que l'argent y devient l'objet commun du desir des hommes, et le principe productif de leurs actions et de leurs vertus.

Du moment où, semblables aux mers, les richesses abandonnent certaines contrées.

De l'état où se trouve alors une nation.

Du stupide engourdissement qui y remplace la perte des richesses.

Des divers principes d'activité des nations.

De l'argent considéré comme un de ces principes.

Des maux qu'occasionne l'amour de l'argent.

Si, dans l'état actuel de l'Europe, le magistrat éclairé doit desirer le trop prompt affoiblissement d'un tel principe d'activité.

Que ce n'est point dans le luxe, mais dans sa cause productrice, qu'on doit chercher le principe destructeur des empires.

Si l'on peut porter trop d'attention à l'examen des questions de cette espece.

Si, dans de telles questions, les jugements précipités de l'ignorance n'entraînent pas souvent une nation aux plus grands malheurs.

Si, conséquemment à ce qu'on vient de dire, l'on ne doit point haine et mépris aux protecteurs de l'ignorance, et généralement à tous ceux qui, s'opposant aux progrès de l'esprit humain, nuisent à la perfection de la législation, par conséquent au bonheur public, uniquement dépendant de la bonté des lois.

On voit dans la section VII que c'est l'excellence des lois, et non, comme quelques uns le prétendent, la pureté du culte religieux, qui peut assurer le bonheur et la tranquillité des peuples.

Du peu d'influence des religions sur les vertus et la félicité des nations.

De l'esprit religieux, destructif de l'esprit législatif.

Qu'une religion vraiment utile forceroit les citoyens à s'éclairer.

Que les hommes n'agissent point conséquemment à leur croyance, mais à leur avantage personnel.

Que plus de conséquence dans leurs esprits rendroit la religion papiste plus nuisible.

Qu'en général les principes spéculatifs ont peu d'influence sur la conduite des hommes ; qu'ils n'obéissent qu'aux lois de leur pays, et à leur intérêt.

Que rien ne prouve mieux le prodigieux pouvoir de la législation que le gouvernement des jésuites.

Qu'il a fourni à ces religieux les moyens de faire trembler les rois, et d'exécuter les plus grands attentats.

Des grands attentats.

Que ces attentats peuvent être également inspirés par les passions de la gloire, de l'ambition, et du fanatisme.

Du moyen de distinguer l'espece de passion qui les commande.

Du moment où l'intérêt des jésuites leur ordonne de grands forfaits.

Quelle secte en France pouvoit s'opposer à leurs entreprises.

Que le jansénisme seul pouvoit détruire les jésuites.

Que sans les jésuites on n'eût jamais connu tout le pouvoir de la législation.

Que, pour la porter à sa perfection, il faut, ou, comme un S. Benoît, avoir un ordre religieux; ou, comme un Romulus et un Penn, avoir un empire ou une colonie à fonder.

Qu'en toute autre position, le génie législatif, contraint par les mœurs et les préjugés déja établis, ne peut prendre un certain essor, ni dicter les lois parfaites dont l'établissement procureroit aux nations le plus grand bonheur possible.

Que, pour résoudre le problême de la félicité publique, il faudroit préliminairement connoître ce qui constitue essentiellement le bonheur de l'homme.

La huitieme section fait connoître en quoi consiste le bonheur de l'individu, et par conséquent la félicité nationale, nécessairement composée de toutes les félicités particulieres.

Que, pour résoudre ce problème politique, il faut examiner si, dans toute espece de conditions, les hommes peuvent être également heureux, c'est-à-dire remplir d'une maniere également agréable tous les instants de leur journée.

De l'emploi du temps.

Que cet emploi est à-peu-près le même dans toutes les professions.

Que si les empires ne sont peuplés que d'infortunés, c'est l'effet de l'imperfection des lois, et du partage trop inégal des richesses.

Qu'on peut donner plus d'aisance aux citoyens; que cette aisance modéreroit en eux le desir trop excessif des richesses.

Des divers motifs qui maintenant justifient ces desirs.

Qu'entre ces motifs, un des plus puissants est la crainte de l'ennui.

Que la maladie de l'ennui est plus commune et plus cruelle qu'on n'imagine.

De l'influence de l'ennui sur les mœurs des peuples et la forme de leurs gouvernements.

De la religion et de ses cérémonies considérées comme remede à l'ennui.

Que le seul remede à ce mal sont des sensations vives et distinctes.

De là notre amour pour l'éloquence, la poésie, et tous ces arts d'agrément dont l'objet est d'exciter de ces sortes de sensations.

Preuve détaillée de cette vérité.

Des arts d'agrément; de leur impression sur l'opulent oisif : qu'ils ne peuvent l'arracher à son ennui.

Que les plus riches sont en général les plus ennuyés, parcequ'ils sont passifs dans presque tous leurs plaisirs.

Que les plaisirs passifs sont en général les plus courts et les plus coûteux.

Qu'en conséquence c'est au riche que se fait le plus vivement sentir le besoin des richesses.

Qu'il voudroit toujours être mû, sans se donner la peine de se remuer;

Qu'il est sans motif pour s'arracher à une oisiveté à laquelle une fortune médiocre soustrait nécessairement les autres hommes.

De l'association des idées de bonheur et de richesse dans notre mémoire; que cette association est un effet de l'éducation.

Qu'une éducation différente produiroit l'effet contraire.

Qu'alors, sans être également riches et puissants, les citoyens seroient et pourroient même se croire également heureux

De l'utilité éloignée de ces principes.

Qu'une fois convenu de cette vérité, on ne doit plus regarder le malheur comme inhérent à la nature même des sociétés, mais comme un accident occasionné par l'imperfection de leur législation.

Il est traité, dans la section neuvieme, de la possibilité d'indiquer un bon plan de législation ;

Des obstacles que l'ignorance met à sa publication ;

Du ridicule qu'elle jette sur toute idée nouvelle et toute étude approfondie de la morale et de la politique;

De la haine de l'ignorant pour toute réforme ;

De la difficulté de faire de bonnes lois;

Des premieres questions à se faire à ce sujet.

Des récompenses, de quelque espece qu'elles soient, fût-ce un luxe de plaisir, ne corrompront jamais les mœurs.

Du luxe de plaisirs. Que tout plaisir décerné par la reconnoissance publique fait chérir la vertu, fait respecter les lois, dont le renversement, comme quelques uns le prétendent, n'est jamais l'effet de l'inconstance de l'esprit humain.

Des vraies causes des changements arrivés dans les lois des peuples.

Que ces changements prennent

leur source dans l'imperfection de ces mêmes lois, dans la négligence des administrateurs, qui ne savent ni contenir l'ambition des nations voisines par la terreur des armes, ni celle de leurs concitoyens par la sagesse des réglements, et qui d'ailleurs, élevés dans des préjugés nuisibles, favorisent l'ignorance des vérités dont la révélation assureroit la félicité publique.

Que la révélation de la vérité n'est jamais funeste qu'à celui qui la dit.

Que sa connoissance, utile aux nations, n'en troubla jamais la paix.

Qu'une des plus fortes preuves de cette assertion est la lenteur avec laquelle la vérité se propage.

Des gouvernements.

Que dans aucun le bonheur du prince n'est, comme on le croit, attaché au malheur des peuples.

Qu'on doit la vérité aux hommes.

Que l'obligation de la dire suppose le libre usage des moyens de la découvrir.

Que, privées de cette liberté, les nations croupissent dans l'ignorance.

Des maux que produit l'indifférence pour la vérité.

Que le législateur, comme quelques uns le prétendent, n'est jamais forcé de sacrifier le bonheur de la génération présente à celui de la génération future.

Qu'une telle supposition est absurde.

Qu'on doit d'autant plus exciter

les hommes à la recherche de la vérité, qu'en général, plus indifférents pour elle, ils jugent une opinion vraie ou fausse selon l'intérêt qu'ils ont de la croire telle ou telle.

Que cet intérêt leur feroit nier au besoin la vérité des démonstrations géométriques.

Qu'il leur fait estimer en eux la cruauté qu'ils détestent dans les autres.

Qu'il leur fait respecter le crime.

Qu'il fait les saints.

Qu'il prouve aux grands la supériorité de leur espece sur celle des autres hommes.

Qu'il fait honorer le vice dans un protecteur.

Que l'intérêt du puissant commande plus impérieusement que la vérité aux opinions générales.

Qu'un intérêt secret cacha toujours aux parlements la conformité de la morale des jésuites et du papisme.

Que l'intérêt fait nier journellement cette maxime : « Ne fais pas à autrui ce que tu ne voudrois pas qu'on te fît. »

Qu'il dérobe à la connoissance du prêtre honnête homme, et les maux produits par le catholicisme, et les projets d'une secte intolérante parcequ'elle est ambitieuse, et régicide parcequ'elle est intolérante.

Des moyens employés par l'église pour s'asservir les nations.

Du temps où l'église catholique laisse reposer ses prétentions.

Du moment où elle les fait revivre.

Des prétentions de l'église prouvées par le droit.

De ces mêmes prétentions prouvées par le fait.

Des moyens d'enchaîner l'ambition ecclésiastique.

Que le tolérantisme seul peut la contenir; peut, en éclairant les esprits, assurer le bonheur et la tranquillité des peuples, dont le caractere est susceptible de toutes les formes que lui donnent les lois, le gouvernement, et sur-tout l'éducation publique.

Il s'agit, dans la section dixieme, de la puissance de l'éducation, des moyens de la perfectionner, des obstacles qui s'opposent au progrès de cette science;

De la facilité avec laquelle, ces obstacles levés, on traceroit le plan d'une excellente éducation.

De l'éducation.

Qu'elle peut tout.

Que les princes sont, comme les particuliers, le produit de leur instruction.

Qu'on ne peut attendre de grands princes que d'un grand changement dans leur éducation.

Des principaux avantages de l'instruction publique sur la domestique.

Idée générale sur l'éducation physique de l'homme.

Dans quel moment et quelle potition l'homme est susceptible d'une éducation morale.

De l'éducation relative aux diverses professions.

De l'éducation morale de l'homme.

Des obstacles qui s'opposent à la perfection de cette partie de l'éducation.

Intérêt du prêtre, premier obstacle.

Imperfection de la plupart des gouvernements, second obstacle.

Que toute réforme importante dans la partie morale de l'éducation en suppose une dans les lois et la forme du gouvernement.

Que, cette réforme faite, et les obstacles qui s'opposent aux progrès de l'instruction une fois levés, le problême de la meilleure éducation possible est résolu.

Le but de l'auteur dans sa conclusion, c'est de prouver l'analogie de ses opinions avec celles de Locke;

De faire sentir toute l'importance et l'étendue du principe de la sensibilité physique;

De répondre au reproche de matérialisme et d'impiété;

De montrer toute l'absurdité de telles accusations, et l'impossibilité pour tout moraliste éclairé d'échapper à cet égard aux censures ecclésiastiques.

Cet ouvrage est la suite du livre de l'Esprit. C'est le même fonds d'idées vraies, avec de plus grands développements peut-être, avec plus de profondeur dans les principes et d'étendue dans les conséquences. Son dessein n'étant pas de le publier de son vivant, il n'eut pas le temps de donner à sa composition le même soin ni le même degré de perfection qu'à son livre de l'Esprit. La violence de la persécution avoit beaucoup diminué de son amour pour la gloire. Le seul desir d'être utile après lui l'animoit encore. Sa belle ame étoit sensiblement touchée du bien que doivent produire un jour ses écrits ; mais il ne vouloit plus rien donner au public.

Il voyoit la philosophie, persécutée par des cabales puissantes, se former peu de disciples et aucun protecteur.

Il en étoit affligé; mais il n'en étoit pas étonné. « La vérité, disoit-il, qui ne peut jamais nuire au genre humain, ni même à aucune de ces grandes sociétés qu'on appelle les nations, est souvent opposée aux intérêts de ce petit nombre d'hommes qui sont à la tête des peuples. Ici vous avez de grands corps qui sont tous remplis de ce qu'on appelle l'esprit de corps. Ils tendent sans cesse à usurper les uns sur les autres, et tous sur la patrie. Elle devient comme une grande famille, où les aînés veulent exclure les cadets de tout partage. Comment sera reçu de ces corps un philosophe qui viendra leur dire : Avant tout soyez citoyens ; voilà vos fonctions, remplissez-les avec zele ; voilà vos droits, conservez-les sans les étendre? Là, des ministres d'un esprit borné et d'un caractere altier, incapables de voir les abus qui se sont introduits, et ceux qui tiennent à la constitution de l'état, sont conduits par la routine, et la suivent. Ils n'ont point l'habitude de méditer : iront-ils la prendre? C'est ce qu'il faudroit faire cependant pour corriger ces abus que la philosophie vient leur montrer. Ils ont des fantaisies, des projets pour leurs favoris, leurs parents : croyez-vous qu'ils puissent entendre dire sans impatience qu'ils ne doivent avoir en vue que le bien de l'état ? Qu'ont-ils à desirer? De ne point éprouver de contradiction. Et pour cela que faut-il faire ? Ôter à l'autorité toutes ses bornes, dût-on lui ôter toute sa solidité. Mais ces abus que les ministres respectent ou tolerent, à qui sont-ils nuisibles ? A la patrie, qui n'est qu'un vain nom. A qui peuvent-ils être utiles ? Aux grands. Jugez ce que ces grands penseront d'une secte d'hommes qui leur proposent d'être modérés et justes. Le prince, les grands, sont environnés de prêtres, qui, dans les siecles d'ignorance, régnoient sur les princes et sur les peuples. Si le monde s'éclaire, ils ne seront plus respectés, et on les verra comme des hommes ridicules, ou souvent dangereux. Peut-on leur savoir mauvais gré de l'espece de rage avec laquelle ils déchirent la philosophie ? Doit-on s'étonner qu'ils soient bien reçus dans les cours, où ils viennent dire : Dieu vous a donné la puissance ; il nous charge de l'apprendre aux peuples : au lieu de vous fatiguer à faire de bonnes lois, à donner l'exemple de l'amour de la patrie, forcez les nations à nous croire, et laissez-nous faire ; cela est plus aisé.

Vous voyez la cupidité des hommes de mon ancien état, et celle des courtisans. Ces gens-là laisseront-ils établir en paix que leurs fortunes ne sont pas toujours légitimes, et qu'ils en font un usage odieux ? pourront-ils consentir qu'on les fasse rougir de ces mêmes richesses, qui sont l'aliment de leur orgueil ? Vous voyez que la philosophie doit être poursuivie dans les palais et jusques dans les cabanes, par les classes de la société qui, du moins pour un moment, déterminent l'opinion. Et devant qui la philosophie a-t-elle à se défendre? quels sont ses juges? Des sots. Mais, me direz-vous, il y a dans la nation des gens de-lettres estimables qui, sans être au nombre des philosophes, adoptent leurs principes, s'en parent, et les répandent. Je réponds qu'il y en a peu. Les hommes qui n'ont que de l'esprit sont les rivaux humiliés des hommes de génie, et les détestent. Vous auriez compté plus d'un bel-esprit dans les détracteurs de Descartes et de Corneille, et, plus près de nous, dans ceux de Voltaire, de Montesquieu, de Buffon et de Fontenelle. La philosophie réduit le bel-esprit, les petits talents, à leur juste valeur; et ils ont intérêt d'unir leur voix à celle des hommes frivoles et corrompus qui s'élevent contre toute liberté de penser. Savez-vous pourquoi, depuis la révolution d'Angleterre, la philosophie y est honorée et heureuse? c'est qu'en Angleterre l'intérêt général et l'intérêt particulier ne sont point opposés; c'est qu'il y regne l'amour de l'ordre et de la patrie. Si l'honneur véritable, si l'esprit de citoyen, si les vraies vertus renaissoient jamais chez les nations où la philosophie est persécutée, elle y auroit de la considération. Si ces nations, au contraire, tombent sous le despotisme, et par conséquent se corrompent de plus en plus, la philosophie y sera proscrite pour jamais. »

C'est d'après ces idées qu'Helvétius étoit revenu à son premier talent, et qu'il ne s'occupoit plus que de son poëme du Bonheur. Ce talent qu'il avoit laissé sans en faire usage ne s'étoit point affoibli : on peut en juger par le quatrieme chant, et par une épître qu'il a composée l'été dernier. Il comptoit travailler encore plusieurs années à cet ouvrage, et le donner lorsque ses amis et lui-même en seroient contents. Et à quel degré de perfection ne l'auroit-il pas porté!

On remarqua, au commencement

de 1771, quelques changements dans son humeur et dans ses goûts; on ne lui trouvoit pas sa sérénité ordinaire; il aimoit moins les conversations qu'il avoit le plus aimées; l'exercice le fatiguoit; il n'alloit presque plus à la chasse. Ce changement n'alarmoit pas sa famille et ses amis: on étoit bien loin de le regarder comme un signe de décadence; on l'attribuoit à des causes morales. Ces dernieres années ont été l'époque des malheurs publics, auxquels Helvétius fut fort sensible. Le désordre des finances et le changement dans la constitution de l'état répandirent une consternation générale. Un grand nombre de suicides dans le royaume, un plus grand nombre dans la capitale, sont de tristes preuves de cette consternation. Des maux physiques l'augmentoient encore : les récoltes n'étoient point abondantes. Tant que la disette a duré, les aumônes d'Helvétius n'ont pas permis à ses vassaux d'en souffrir. Dans ces années malheureuses il a prolongé son séjour à sa campagne, qui lui devenoit plus chere par le besoin qu'elle avoit de lui ; et d'ailleurs le spectacle d'une misere qu'il ne pouvoit soulager lui rendoit triste le séjour de Paris. Il y faisoit cependant de grands biens. Tous les jours on introduisoit chez lui avec beaucoup de mystere quelques nouveaux objets de sa générosité. Souvent, en leur présence, il disoit à son valet-de-chambre :

préliminairement connoître ce qui constitue essentiellement le bonheur de l'homme.

La huitieme section fait connoître en quoi consiste le bonheur de l'individu, et par conséquent la félicité nationale, nécessairement composée de toutes les félicités particulieres.

Que, pour résoudre ce problème politique, il faut examiner si, dans toute espece de conditions, les hommes peuvent être également heureux, c'est-à-dire remplir d'une maniere également agréable tous les instants de leur journée.

De l'emploi du temps.

Que cet emploi est à-peu-près le même dans toutes les professions.

Que si les empires ne sont peuplés que d'infortunés, c'est l'effet de l'imperfection des lois, et du partage trop inégal des richesses.

Qu'on peut donner plus d'aisance aux citoyens; que cette aisance modéreroit en eux le desir trop excessif des richesses.

Des divers motifs qui maintenant justifient ces desirs.

Qu'entre ces motifs, un des plus puissants est la crainte de l'ennui.

Que la maladie de l'ennui est plus commune et plus cruelle qu'on n'imagine.

De l'influence de l'ennui sur les mœurs des peuples et la forme de leurs gouvernements.

De la religion et de ses cérémonies considérées comme remede à l'ennui.

Que le seul remede à ce mal sont des sensations vives et distinctes.

De là notre amour pour l'éloquence, la poésie, et tous ces arts d'agrément dont l'objet est d'exciter de ces sortes de sensations.

Preuve détaillée de cette vérité.

Des arts d'agrément; de leur impression sur l'opulent oisif : qu'ils ne peuvent l'arracher à son ennui.

Que les plus riches sont en général les plus ennuyés, parcequ'ils sont passifs dans presque tous leurs plaisirs.

Que les plaisirs passifs sont en général les plus courts et les plus coûteux.

Qu'en conséquence c'est au riche que se fait le plus vivement sentir le besoin des richesses.

Qu'il voudroit toujours être mû, sans se donner la peine de se remuer;

Qu'il est sans motif pour s'arracher à une oisiveté à laquelle une fortune médiocre soustrait nécessairement les autres hommes.

De l'association des idées de bonheur et de richesse dans notre mémoire; que cette association est un effet de l'éducation.

Qu'une éducation différente produiroit l'effet contraire.

Qu'alors, sans être également riches et puissants, les citoyens seroient et pourroient même se croire également heureux

PRÉFACE

DE L'ESPRIT.

L'objet que je me propose d'examiner dans cet ouvrage est intéressant; il est même neuf. L'on n'a, jusqu'à présent, considéré l'esprit que sous quelques unes de ses faces. Les grands écrivains n'ont jeté qu'un coup-d'œil rapide sur cette matiere; et c'est ce qui m'enhardit à la traiter.

La connoissance de l'esprit, lorsqu'on prend ce mot dans toute son étendue, est si étroitement liée à la connoissance du cœur et des passions de l'homme, qu'il étoit impossible d'écrire sur ce sujet sans avoir du moins à parler de cette partie de la morale commune aux hommes de toutes les nations, et qui ne peut avoir, dans tous les gouvernements, que le bien public pour objet.

Les principes que j'établis sur cette matière sont, je pense, conformes à l'intérêt général et à l'expérience. C'est par les faits que j'ai remonté aux causes. J'ai cru qu'on devoit traiter la morale comme toutes les autres sciences, et faire une morale comme une physique expérimentale. Je ne me suis livré à cette idée que par la persuasion où je suis que toute morale dont les principes sont utiles au public est nécessairement conforme à la morale de la religion, qui n'est que la perfection de la morale humaine. Au reste, si je m'étois trompé, et si, contre mon attente, quelques uns de mes principes n'étoient pas conformes à l'intérêt général, ce seroit une erreur de mon esprit, et non pas de mon cœur ; et je déclare d'avance que je les désavoue.

Je ne demande qu'une grace à mon lecteur, c'est de m'entendre avant que de me condamner ; c'est de suivre l'enchaînement qui lie ensemble toutes mes idées ; d'être mon juge, et non ma partie. Cette demande n'est pas l'effet d'une sotte confiance; j'ai trop souvent trouvé mauvais le soir ce que j'avois cru bon le matin, pour avoir une haute opinion de mes lumieres.

Peut-être ai-je traité un sujet au-dessus de mes forces : mais quel homme se connoît assez lui-même pour n'en pas trop présumer ? Je n'aurai pas du moins à me reprocher de n'avoir pas fait tous mes efforts pour mériter l'approbation du public. Si je ne l'obtiens pas, je serai plus affligé que surpris : il ne suffit point, en ce genre, de desirer pour obtenir.

Dans tout ce que j'ai dit je n'ai cherché que le vrai, non

pas uniquement pour l'honneur de le dire, mais parceque le vrai est utile aux hommes. Si je m'en suis écarté, je trouverai dans mes erreurs mêmes des motifs de consolation. *Si les hommes*, comme le dit M. de Fontenelle, *ne peuvent, en quelque genre que ce soit, arriver à quelque chose de raisonnable, qu'après avoir, en ce même genre, épuisé toutes les sottises imaginables*, mes erreurs pourront donc être utiles à mes concitoyens ; j'aurai marqué l'écueil par mon naufrage. *Que de sottises*, ajoute M. de Fontenelle, *ne dirions-nous pas maintenant, si les anciens ne les avoient pas déja* dites avant nous, et ne nous les avoient, pour ainsi dire, enlevées !

Je le répete donc ; je ne garantis de mon ouvrage que la pureté et la droiture des intentions. Cependant, quelque assuré qu'on soit de ses intentions, les cris de l'envie sont si favorablement écoutés, et ses fréquentes déclamations sont si propres à séduire des ames plus honnêtes qu'éclairées, qu'on n'écrit, pour ainsi dire, qu'en tremblant. Le découragement dans lequel des imputations souvent calomnieuses ont jeté les hommes de génie semble déja présager le retour des siécles d'ignorance. Ce n'est, en tout genre, que dans la médiocrité de ses talents qu'on trouve un asyle contre les poursuites des envieux. La médiocrité devient maintenant une protection; et cette protection, je me la suis vraisemblablement ménagée malgré moi.

D'ailleurs, je crois que l'envie pourroit difficilement m'imputer le desir de blesser aucun de mes concitoyens. Le genre de cet ouvrage, où je ne considere aucun homme en particulier, mais les hommes et les nations en général, doit me mettre à l'abri de tout soupçon de malignité. J'ajouterai même qu'en lisant ces discours on s'appercevra que j'aime les hommes, que je desire leur bonheur, sans haïr ni mépriser aucun d'eux en particulier.

Quelques unes de mes idées paroîtront peut-être hasardées. Si le lecteur les juge fausses, je le prie de se rappeler, en les condamnant, que ce n'est qu'à la hardiesse des tentatives qu'on doit souvent la découverte des plus grandes vérités, et que la crainte d'avancer une erreur ne doit point nous détourner de la recherche de la vérité. En vain des hommes vils et lâches voudroient la proscrire, et lui donner quelquefois le nom odieux de licence; en vain répetent-ils que les vérités sont souvent dangereuses : en supposant qu'elles le fussent quelquefois, à quel plus grand danger encore ne seroit pas exposée la nation qui consentiroit à croupir dans l'ignorance ! Toute nation sans lumieres, lorsqu'elle cesse d'être sauvage et féroce, est une nation avilie, et tôt ou tard subjuguée. Ce fut moins la valeur que la science militaire des Romains qui triompha des Gaules.

Si la connoissance d'une telle vérité peut avoir quelques inconvénients dans un tel instant, cet instant passé, cette même vérité redevient utile à tous les siécles et à toutes les nations.

Tel est enfin le sort des choses humaines; il n'en est aucune qui ne puisse devenir dangereuse dans de certains momens : mais ce n'est qu'à cette condition qu'on en jouit. Malheur à qui voudroit, par ce motif, en priver l'humanité !

Au moment même qu'on interdiroit la connoissance de certaines vérités, il ne seroit plus permis d'en dire aucune. Mille gens puissants, et souvent même mal intentionnés, sous prétexte qu'il est quelquefois sage de taire la vérité, la banniroient entièrement de l'univers. Aussi le public éclairé, qui seul en connoît tout le prix, la demande sans cesse : il ne craint point de s'exposer à des maux incertains, pour jouir des avantages réels qu'elle procure. Entre les qualités des hommes, celle qu'il estime le plus est cette élévation d'ame qui se refuse au mensonge. Il sait combien il est utile de tout penser et de tout dire ; et que les erreurs mêmes cessent d'être dangereuses lorsqu'il est permis de les contredire. Alors elles sont bientôt reconnues pour erreurs; elles se déposent bientôt d'elles-mêmes dans les abymes de l'oubli ; et les vérités seules surnagent sur la vaste étendue des siécles.

DE L'ESPRIT.

..... Unde animi constet natura videndum,
Quâ fiant ratione, et quâ vi quæque gerantur
In terris.
   Lucret. De rerum natura, l. 1.

DE L'ESPRIT.

DISCOURS PREMIER.

De l'Esprit en lui-même.

CHAPITRE I.

On dispute tous les jours sur ce qu'on doit appeler *Esprit*: chacun dit son mot; personne n'attache les mêmes idées à ce mot, et tout le monde parle sans s'entendre.

Pour pouvoir donner une idée juste et précise de ce mot *Esprit*, et des différentes acceptions dans lesquelles on le prend, il faut d'abord considérer l'esprit en lui-même.

Ou l'on regarde l'esprit comme l'effet de la faculté de penser (et l'esprit n'est, en ce sens, que l'assemblage des pensées d'un homme), ou on le considere comme la faculté même de penser.

Pour savoir ce que c'est que l'esprit pris dans cette derniere signification, il faut connoître quelles sont les causes productrices de nos idées.

Nous avons en nous deux facultés, ou, si je l'ose dire, deux puissances passives, dont l'existence est généralement et distinctement reconnue.

L'une est la faculté de recevoir les impressions différentes que font sur nous les objets extérieurs : on la nomme *sensibilité physique.*

L'autre est la faculté de conserver l'impression que ces objets ont faite sur nous : on l'appelle *mémoire;* et la mémoire n'est autre chose qu'une sensation continuée, mais affoiblie.

Ces facultés, que je regarde comme les causes productrices de nos pensées, et qui nous sont communes avec les animaux, ne nous fourniroient cependant qu'un très petit nombre d'idées, si elles n'étoient jointes en nous à une certaine organisation extérieure.

Si la nature, au lieu de mains et de doigts flexibles, eût terminé nos poignets par un pied de cheval, qui doute que les hommes, sans arts, sans habitations, sans défense contre les animaux, tout occupés du soin de pourvoir à leur nourriture et d'éviter les bêtes féroces, ne fussent encore errants dans les forêts comme des troupeaux fugitifs(1)?

(1) On a beaucoup écrit sur l'ame des bêtes; on leur a tour-à-tour ôté et rendu la faculté de penser; et peut-être n'a-t-on pas assez scrupuleusement cherché, dans

Or, dans cette supposition, il est évident que la police n'eût, dans au-la différence du physique de l'homme et de l'animal, la cause de l'infériorité de ce qu'on appelle l'ame des animaux.

1° Toutes les pattes des animaux sont terminées ou par de la corne, comme dans le bœuf et le cerf, ou par des ongles, comme dans le chien et le loup, ou par des griffes, comme dans le lion et le chat. Or, cette différence d'organisation entre nos mains et les pattes des animaux les prive non seulement, comme le dit M. de Buffon, presque en entier du sens du tact, mais encore de l'adresse nécessaire pour manier aucun outil et pour faire aucune des découvertes qui supposent des mains.

2° La vie des animaux, en général plus courte que la nôtre, ne leur permet ni de faire autant d'observations, ni par conséquent d'avoir autant d'idées que l'homme.

3° Les animaux, mieux armés, mieux

cune société, été portée au degré de perfection où maintenant elle est par-

vêtus que nous par la nature, ont moins de besoins, et doivent par conséquent avoir moins d'invention. Si les animaux voraces ont en général plus d'esprit que les autres animaux, c'est que la faim, toujours inventive, a dû leur faire imaginer des ruses pour surprendre leur proie.

4° Les animaux ne forment qu'une société fugitive devant l'homme, qui, par le secours des armes qu'il s'est forgées, s'est rendu redoutable au plus fort d'entre eux.

L'homme est d'ailleurs l'animal le plus multiplié sur la terre : il naît, il vit dans tous les climats, lorsqu'une partie des autres animaux, tels que les lions, les éléphants et les rhinocéros, ne se trouve que sous certaine latitude.

Or, plus l'espèce d'un animal susceptible d'observation est multipliée, plus cette espèce d'animal a d'idées et d'esprit.

Mais, dira-t-on, pourquoi les singes,

venue. Il n'est aucune nation qui, en

dont les pattes sont à-peu-près aussi adroites que nos mains, ne font-ils pas des progrès égaux aux progrès de l'homme ? C'est qu'ils lui restent inférieurs à beaucoup d'égards; c'est que les hommes sont plus multipliés sur la terre; c'est que parmi les différentes especes de singes il en est peu dont la force soit comparable à celle de l'homme; c'est que les singes sont frugivores, qu'ils ont moins de besoins, et par conséquent moins d'invention que les hommes; c'est que d'ailleurs leur vie est plus courte, qu'ils ne forment qu'une société fugitive devant les hommes et les animaux, tels que les tigres, les lions, etc.; c'est qu'enfin la disposition organique de leurs corps les tenant, comme les enfants, dans un mouvement perpétuel, même après que leurs besoins sont satisfaits, les singes ne sont pas susceptibles de l'*ennui*, qu'on doit regarder, ainsi que je le prouverai dans le troisieme discours, comme un des principes

DISCOURS I, CHAP. I. 195

fait d'esprit, ne fût restée fort infé-
de la perfectibilité de l'esprit humain.

C'est en combinant toutes ces différences dans le physique de l'homme et
de la bête qu'on peut expliquer pourquoi
la sensibilité et la mémoire, facultés communes aux hommes et aux animaux, ne
sont, pour ainsi dire, dans ces derniers
que des facultés stériles.

Peut-être m'objectera-t-on que Dieu,
sans injustice, ne peut avoir soumis à la
douleur et à la mort des créatures inno-
centes, et qu'ainsi les bêtes ne sont que
de pures machines : je répondrai à cette
objection que l'écriture et l'église n'ayant
dit nulle part que les animaux fussent de
pures machines, nous pouvons fort bien
ignorer les motifs de la conduite de Dieu
envers les animaux, et supposer ces motifs justes. Il n'est pas nécessaire d'avoir
recours au bon mot du P. Malebranche,
qui, lorsqu'on lui soutenoit que les animaux étoient sensibles à la douleur, ré-
pondoit en plaisantant qu'*apparemment
ils avoient mangé du foin défendu*

rieure à certaines nations sauvages qui n'ont pas deux cents idées (1), deux cents mots pour exprimer leurs idées, et dont la langue, par conséquent, ne fût réduite, comme celle des animaux, à cinq ou six sons ou cris (2), si l'on retranchoit de cette même langue les mots d'*arcs*, de *flé-*

(1) Les idées des nombres, si simples, si faciles à acquérir, et vers lesquelles le besoin nous porte sans cesse, sont si prodigieusement bornées dans certaines nations, qu'on en trouve qui ne peuvent compter que jusqu'à trois, et qui n'expriment les nombres qui vont au-delà de trois que par le mot *beaucoup*.

(2) Tels sont les peuples que Dampierre trouva dans une île qui ne produisoit ni arbre, ni arbuste, et qui, vivant du poisson que les flots de la mer jetoient dans les petites baies de l'île, n'avoient d'autre langue qu'un gloussement semblable à celui du coq-d'Inde.

ches, de *filets*, etc., qui supposent l'usage de nos mains. D'où je conclus que, sans une certaine organisation extérieure, la sensibilité et la mémoire ne seroient en nous que des facultés stériles.

Maintenant il faut examiner si, par le secours de cette organisation, ces deux facultés ont réellement produit toutes nos pensées.

Avant d'entrer à ce sujet dans aucun examen, peut-être me demandera-t-on si ces deux facultés sont des modifications d'une substance spirituelle ou matérielle. Cette question, autrefois agitée par les philosophes (1),

---

(1) Quelque stoïcien décidé que fût Séneque, il n'étoit pas trop assuré de la spiritualité de l'ame. « Votre lettre, écrit-il à un
« de ses amis, est arrivée mal-à-propos.
« Lorsque je l'ai reçue, je me promenois
« délicieusement dans le palais de l'espé-

débattue entre les anciens peres (2), et renouvelée de nos jours, n'entre

« rance; je m'y assurois de l'immortalité
« de mon ame. Mon imagination, dou-
« cement échauffée par les discours de
« quelques grands hommes, ne doutoit
« déja plus de cette immortalité qu'ils
« promettent plus qu'ils ne la prouvent;
« déja je commençois à me déplaire à
« moi-même; je méprisois les restes d'une
« vie malheureuse; je m'ouvrois avec dé-
« lices les portes de l'éternité: votre lettre
« arrive; je me réveille; et, d'un songe
« si amusant, il me reste le regret de le
« reconnoître pour un songe. »

Une preuve, dit M. Deslandes dans son *Histoire critique de la philosophie*, qu'autrefois on ne croyoit ni à l'immortalité ni à l'immatérialité de l'ame, c'est que, du temps de Néron, l'on se plaignoit à Rome que la doctrine de l'autre monde, nouvellement introduite, énervoit le courage des soldats, les rendoit plus timides, ôtoit la principale consolation des malpas nécessairement dans le plan de mon ouvrage. Ce que j'ai à dire de heureux, et doubloit enfin la mort, en menaçant de nouvelles souffrances après cette vie.

(2) S. Irénée avançoit que l'ame étoit un souffle: *flatus est enim vita*. Voyez la *Théologie païenne*. Tertullien, dans son *Traité de l'ame*, prouve qu'elle est corporelle. *Tertull. de anima, cap. 7, pag.* 268. S. Ambroise enseigne qu'il n'y a que la très sainte Trinité exempte de composition matérielle. *Ambr. de Abrahamo.* S. Hilaire prétend que tout ce qui est créé est corporel. *Hilar. in Matth., pag.* 633. Au second concile de Nicée on croyoit encore les anges corporels; aussi y lit-on sans scandale ces paroles de Jean de Thessalonique : *Pingendi angeli, quia corporei.* S. Justin et Origène croyoient l'ame matérielle; ils regardoient son immortalité comme une pure faveur de Dieu; ils ajoutoient qu'au bout d'un certain temps les ames des méchants

l'esprit s'accorde également bien avec l'une et l'autre de ces hypotheses. J'observerai seulement à ce sujet que si l'église n'eût pas fixé notre croyance sur ce point, et qu'on dût, par les seules lumieres de la raison, s'élever jusqu'à la connoissance du principe pensant, on ne pourroit s'empêcher de convenir que nulle opinion en ce genre n'est susceptible de démonstration ; qu'on doit peser les raisons pour et contre, balancer les difficultés, se déterminer en faveur du plus grand nombre de vraisemblances, et par conséquent ne porter que des jugements provisoires. Il en seroit de ce problême comme d'une infinité d'autres, qu'on ne peut ré-

seroient anéanties : *Dieu*, *disoient-ils*, *qui de sa nature est porté à la clémence, se lassera de les punir, et retirera son bienfait.*

soudre qu'à l'aide du calcul des probabilités (1). Je ne m'arrête donc

(1) Il seroit impossible de s'en tenir à l'axiome de Descartes, et de n'acquiescer qu'à l'évidence. Si l'on répete tous les jours cet axiome dans les écoles, c'est qu'il n'y est pas pleinement entendu ; c'est que Descartes n'ayant point mis, si je peux m'exprimer ainsi, d'enseigne à l'hôtellerie de l'évidence, chacun se croit en droit d'y loger son opinion. Quiconque ne se rendroit réellement qu'à l'évidence ne seroit guere assuré que de sa propre existence. Comment le seroit-il, par exemple, de celle des corps? Dieu, par sa toute-puissance, ne peut-il pas faire sur nos sens les mêmes impressions qu'y exciteroit la présence des objets? Or, si Dieu le peut, comment assurer qu'il ne fasse pas à cet égard usage de son pouvoir, et que tout l'univers ne soit un pur phénomene? D'ailleurs, si dans les rêves nous sommes affectés des mêmes sensations que nous éprouverions à la présence

pas davantage à cette question ; je viens à mon sujet, et je dis que la sensibilité physique et la mémoire,

des objets, comment prouver que notre vie n'est pas un long rêve?

Non que je prétende nier l'existence des corps, mais seulement montrer que nous en sommes moins assurés que de notre propre existence. Or, comme la vérité est un point indivisible, qu'on ne peut pas dire d'une vérité *qu'elle est plus ou moins vraie*, il est évident que, si nous sommes plus certains de notre propre existence que de celle des corps, l'existence des corps n'est par conséquent qu'une probabilité ; probabilité qui sans doute est très grande, et qui, dans la conduite, équivaut à l'évidence, mais qui n'est cependant qu'une probabilité. Or, si presque toutes nos vérités se réduisent à des probabilités, quelle reconnoissance ne devroit-on pas à l'homme de génie qui se chargeroit de construire des tables physiques, métaphysiques, morales et

ou, pour parler plus exactement, que la sensibilité seule produit toutes nos idées. En effet la mémoire ne peut

politiques, où seroient marqués avec précision tous les divers degrés de probabilité, et par conséquent de croyance, qu'on doit assigner à chaque opinion!

L'existence des corps, par exemple, seroit placée dans les tables physiques comme le premier degré de certitude; on y détermineroit ensuite ce qu'il y a à parier que le soleil se lèvera demain, qu'il se lèvera dans dix, dans vingt ans, etc. Dans les tables morales ou politiques, on y placeroit pareillement, comme premier degré de certitude, l'existence de Rome ou de Londres, puis celle des héros, tels que César ou Guillaume le conquérant; on descendroit ainsi, par l'échelle des probabilités, jusqu'aux faits les moins certains, et enfin jusqu'aux prétendus miracles de Mahomet, jusqu'à ces prodiges attestés par tant d'Arabes, et dont la fausseté cependant est encore très

être qu'un des organes de la sensibilité physique : le principe qui sent en nous doit être nécessairement le prin-

probable ici-bas, où les menteurs sont si communs, et les prodiges si rares.

Alors les hommes, qui le plus souvent ne different de sentiment que par l'impossibilité où ils sont de trouver des signes propres à exprimer les divers degrés de croyance qu'ils attachent à leur opinion, se communiqueroient plus facilement leurs idées, puisqu'ils pourroient, pour m'exprimer ainsi, toujours rapporter leurs opinions à quelques uns des numéro de ces tables de probabilités.

Comme la marche de l'esprit est toujours lente, et les découvertes dans les sciences presque toujours éloignées les unes des autres, on sent que les tables de probabilités une fois construites, on n'y feroit que des changements légers et successifs, qui consisteroient, conséquemment à cette découverte, à augmenter ou diminuer la probabilité de certaines pro-

cipe qui se ressouvient, puisque *se ressouvenir*, comme je vais le prouver, n'est proprement que *sentir*.

positions que nous appelons vérités, et qui ne sont que des probabilités plus ou moins accumulées. Par ce moyen l'état de doute, toujours insupportable à l'orgueil de la plupart des hommes, seroit plus facile à soutenir; alors les doutes cesseroient d'être vagues: soumis au calcul, et par conséquent appréciables, ils se convertiroient en propositions affirmatives; alors la secte de Carnéade, regardée autrefois comme la philosophie par excellence, puisqu'on lui donnoit le nom d'*élective*, seroit purgée de ces légers défauts que la querelleuse ignorance a reprochés avec trop d'aigreur à cette philosophie, dont les dogmes étoient également propres à éclairer les esprits et à adoucir les mœurs.

Si cette secte, conformément à ses principes, n'admettoit point de vérités, elle admettoit du moins des apparences,

Lorsque, par une suite de mes idées, ou par l'ébranlement que certains sons causent dans l'organe de mon oreille, je me rappelle l'image d'un chêne, alors mes organes intérieurs doivent

vouloit qu'on réglât sa vie sur ces apparences, qu'on agît lorsqu'il paroissoit plus convenable d'agir que d'examiner, qu'on délibérât mûrement lorsqu'on avoit le temps de délibérer, qu'on se décidât par conséquent plus sûrement, et que dans son ame on laissât toujours aux vérités nouvelles une entrée que leur ferment les dogmatiques. Elle vouloit de plus qu'on fût moins persuadé de ses opinions, plus lent à condamner celles d'autrui, par conséquent plus sociable ; enfin que l'habitude du doute, en nous rendant moins sensibles à la contradiction, étouffât un des plus féconds germes de haine entre les hommes. Il ne s'agit point ici des vérités révélées, qui sont des vérités d'un autre ordre.

nécessairement se trouver à-peu-près dans la même situation où ils étoient à la vue de ce chêne. Or cette situation des organes doit incontestablement produire une sensation : il est donc évident que se ressouvenir c'est sentir.

Ce principe posé, je dis encore que c'est dans la capacité que nous avons d'appercevoir les ressemblances ou les différences, les convenances ou les disconvenances, qu'ont entre eux les objets divers, que consistent toutes les opérations de l'esprit. Or cette capacité n'est que la sensibilité physique même : tout se réduit donc à sentir.

Pour nous assurer de cette vérité, considérons la nature. Elle nous présente des objets ; ces objets ont des rapports avec nous, et des rapports entre eux ; la connoissance de ces rapports forme ce qu'on appelle l'*Es-*

prit: il est plus ou moins grand, selon que nos connoissances en ce genre sont plus ou moins étendues. L'esprit humain s'éleve jusqu'à la connoissance de ces rapports ; mais ce sont des bornes qu'il ne franchit jamais. Aussi tous les mots qui composent les diverses langues, et qu'on peut regarder comme la collection des signes de toutes les pensées des hommes, nous rappellent, ou des images, tels sont les mots *chêne, océan, soleil;* ou désignent des idées, c'est-à-dire les divers rapports que les objets ont entre eux, et qui sont, ou simples, comme les mots *grandeur, petitesse;* ou composés, comme *vice, vertu;* ou ils expriment enfin les rapports divers que les objets ont avec nous, c'est-à-dire notre action sur eux, comme dans ces mots, *je brise, je creuse, je souleve;* ou leur impression sur nous, comme dans ceux-ci, *je suis blessé, ébloui, épouvanté.*

Si j'ai resserré ci-dessus la signification de ce mot *idée*, qu'on prend dans des acceptions très différentes, puisqu'on dit également l'*idée d'un arbre* et l'*idée de vertu*, c'est que la signification indéterminée de cette expression peut faire quelquefois tomber dans les erreurs qu'occasionne toujours l'abus des mots.

La conclusion de ce que je viens de dire, c'est que, si tous les mots des diverses langues ne désignent jamais que des objets, ou les rapports de ces objets avec nous et entre eux, tout l'esprit par conséquent consiste à comparer et nos sensations et nos idées, c'est-à-dire à voir les ressemblances et les différences, les convenances et les disconvenances, qu'elles ont entre elles. Or, comme le jugement n'est que cette appercevance elle-même, ou du moins que le prononcé de cette appercevance, il s'ensuit que toutes les opérations de l'esprit se réduisent à juger.

La question renfermée dans ces bornes, j'examinerai maintenant si *juger* n'est pas *sentir*. Quand je juge la grandeur ou la couleur des objets qu'on me présente, il est évident que le jugement porté sur les différentes impressions que ces objets ont faites sur mes sens n'est proprement qu'une sensation, que je puis dire également : Je juge ou je sens que, de deux objets, l'un, que j'appelle *toise*, fait sur moi une impression différente de celui que j'appelle *pied*; que la couleur que je nomme *rouge* agit sur mes yeux différemment de celle que je nomme *jaune*: et j'en conclus qu'en pareil cas, *juger* n'est jamais que *sentir*. Mais, dira-t-on, supposons qu'on veuille savoir si la force est préférable à la grandeur du corps, peut-on assurer qu'alors juger soit sentir ? Oui, répondrai-je : car, pour porter un jugement sur ce sujet, ma mémoire doit me tracer successivement les tableaux des situations différentes où je puis me trouver le plus communément dans le cours de ma vie. Or juger, c'est voir dans ces divers tableaux que la force me sera plus souvent utile que la grandeur du corps. Mais, répliquera-t-on, lorsqu'il s'agit de juger si dans un roi la justice est préférable à la bonté, peut-on imaginer qu'un jugement ne soit alors qu'une sensation ?

Cette opinion sans doute a d'abord l'air d'un paradoxe : cependant, pour en prouver la vérité, supposons dans un homme la connoissance de ce qu'on appelle le bien et le mal, et que cet homme sache encore qu'une action est plus ou moins mauvaise, selon qu'elle nuit plus ou moins au bonheur de la société. Dans cette supposition, quel art doit employer le poëte ou l'orateur pour faire plus vivement appercevoir que la justice, préférable dans un roi à la bonté, conserve à l'état plus de citoyens ?

L'orateur présentera trois tableaux à l'imagination de ce même homme : dans l'un, il lui peindra le roi juste, qui condamne et fait exécuter un criminel ; dans le second, le roi bon qui fait ouvrir le cachot de ce même criminel, et lui détache ses fers ; dans le troisieme, il représentera ce même criminel qui, s'armant de son poignard au sortir de son cachot, court massacrer cinquante citoyens. Or quel homme, à la vue de ces trois tableaux, ne sentira pas que la justice, qui, par la mort d'un seul, prévient la mort de cinquante hommes, est, dans un roi, préférable à la bonté? Cependant ce jugement n'est réellement qu'une sensation. En effet, si, par l'habitude d'unir certaines idées à certains mots, on peut, comme l'expérience le prouve, en frappant l'oreille de certains sons, exciter en nous à-peu-près les mêmes sensations qu'on éprouveroit à la présence même des objets; il est évident qu'à l'exposé de ces trois tableaux, juger que, dans un roi, la justice est préférable à la bonté, c'est sentir et voir que, dans le premier tableau, on n'immole qu'un citoyen, et que, dans le troisieme, on en massacre cinquante : d'où je conclus que tout jugement n'est qu'une sensation.

Mais, dira-t-on, faudra-t-il mettre encore au rang des sensations les jugements portés, par exemple, sur l'excellence plus ou moins grande de certaines méthodes, telles que la méthode propre à placer beaucoup d'objets dans notre mémoire, ou la méthode des abstractions, ou celle de l'analyse?

Pour répondre à cette objection, il faut d'abord déterminer la signification de ce mot *méthode*. Une méthode n'est autre chose que le moyen dont on se sert pour parvenir au but qu'on se propose. Supposons qu'un homme ait dessein de placer certains objets ou certaines idées dans sa mémoire, et que le hasard les y ait rangés de maniere que le ressouvenir d'un fait ou d'une idée lui ait rappelé le souvenir d'une infinité d'autres faits ou d'autres idées, et qu'il ait ainsi gravé plus facilement et plus profondément certains objets dans sa mémoire :

alors, juger que cet ordre est le meilleur, et lui donner le nom de *méthode*, c'est dire qu'on a fait moins d'efforts d'attention, qu'on a éprouvé une sensation moins pénible, en étudiant dans cet ordre que dans tout autre : or, se ressouvenir d'une sensation pénible, c'est sentir. Il est donc évident que, dans ce cas, *juger* est *sentir*.

Supposons encore que, pour prouver la vérité de certaines propositions de géométrie, et pour les faire plus facilement concevoir à ses disciples, un géometre se soit avisé de leur faire considérer les lignes indépendamment de leur largeur et de leur épaisseur ; alors, juger que ce moyen ou cette méthode d'abstraction est la plus propre à faciliter à ses éleves l'intelligence de certaines propositions de géométrie, c'est dire qu'ils font moins d'efforts d'attention, et qu'ils éprouvent une sensation moins pénible en se servant de cette méthode que d'une autre.

Supposons, pour dernier exemple, que, par un examen séparé de chacune des vérités que renferme une proposition compliquée, on soit plus facilement parvenu à l'intelligence de cette proposition; juger alors que le moyen ou la méthode de l'analyse est la meilleure, c'est pareillement dire qu'on a fait moins d'efforts d'attention, et qu'on a par conséquent éprouvé une sensation moins pénible lorsqu'on a considéré en particulier chacune des vérités renfermées dans cette proposition compliquée, que lorsqu'on les a voulu saisir toutes à la fois.

Il résulte de ce que j'ai dit, que les jugements portés sur les moyens ou les méthodes que le hasard nous présente pour parvenir à un certain but, ne sont proprement que des sensations, et que, dans l'homme, tout se réduit à sentir.

Mais, dira-t-on, comment jusqu'à ce jour a-t-on supposé en nous une faculté de juger distincte de la faculté de sentir ? On ne doit cette supposition, répondrai-je, qu'à l'impossibilité où l'on s'est cru jusqu'à présent d'expliquer d'aucune autre maniere certaines erreurs de l'esprit.

Pour lever cette difficulté, je vais, dans les chapitres suivants, montrer que tous nos faux jugements et nos erreurs se rapportent à deux causes qui ne supposent en nous que la faculté de sentir ; qu'il seroit par conséquent inutile, et même absurde, d'admettre en nous une faculté de juger qui n'expliqueroit rien qu'on ne puisse expliquer sans elle. J'entre donc en matiere, et je dis qu'il n'est point de faux jugement qui ne soit un effet ou de nos passions ou de notre ignorance.

CHAPITRE II.

Des erreurs occasionnées par nos passions.

Les passions nous induisent en erreur, parcequ'elles fixent toute notre attention sur un côté de l'objet qu'elles nous présentent, et qu'elles ne nous permettent point de le considérer sous toutes ses faces. Un roi est jaloux du titre de conquérant : La victoire, dit-il, m'appelle au bout de la terre; je combattrai, je vaincrai, je briserai l'orgueil de mes ennemis, je chargerai leurs mains de fers; et la terreur de mon nom, comme un rempart impénétrable, défendra l'entrée de mon empire. Enivré de cet espoir, il oublie que la fortune est inconstante, que le fardeau de la misere est presque également supporté par le vainqueur et par le vaincu; il ne sent point que le bien de ses sujets ne sert que de prétexte à sa fureur guerriere, et que c'est l'orgueil qui forge ses armes et déploie ses étendards : toute son attention est fixée sur le char et la pompe du triomphe.

Non moins puissante que l'orgueil, la crainte produira les mêmes effets : on la verra créer des spectres, les répandre autour des tombeaux ; et, dans l'obscurité des bois, les offrir aux regards du voyageur effrayé, s'emparer de toutes les facultés de son ame, et n'en laisser aucune de libre pour considérer l'absurdité des motifs d'une terreur si vaine.

Non seulement les passions ne nous laissent considérer que certaines faces des objets qu'elles nous présentent, mais elles nous trompent encore en nous montrant souvent ces mêmes objets où ils n'existent pas. On sait le conte d'un curé et d'une dame galante. Ils avoient ouï dire que la lune étoit habitée, ils le croyoient, et, le télescope en main, tous deux tâchoient d'en reconnoître les habitants. « Si je ne
« me trompe, dit d'abord la dame,
« j'apperçois deux ombres; elles s'in-
« clinent l'une vers l'autre : je n'en
« doute point, ce sont deux amants
« heureux.... » — « Eh ! fi donc,
« madame, reprend le curé, ces deux
« ombres que vous voyez sont deux
« clochers d'une cathédrale» Ce conte est notre histoire; nous n'appercevons le plus souvent dans les choses que ce que nous desirons y trouver :

sur la terre, comme dans la lune, des passions différentes nous y feront toujours voir ou des amants ou des clochers. L'illusion est un effet nécessaire des passions, dont la force se mesure presque toujours par le degré d'aveuglement où elles nous plongent. C'est ce qu'avoit très bien senti je ne sais quelle femme qui, surprise par son amant entre les bras de son rival, osa lui nier le fait dont il étoit témoin : « Quoi! lui dit-il, vous poussez à ce « point l'impudence!.... » — « Ah! « perfide, s'écria-t-elle, je le vois, tu « ne m'aimes plus; tu crois plus ce « que tu vois que ce que je te dis ». Ce mot n'est pas seulement applicable à la passion de l'amour, mais à toutes les passions. Toutes nous frappent du plus profond aveuglement. Qu'on transporte ce même mot à des sujets plus relevés ; qu'on ouvre le temple

de Memphis : en présentant le bœuf Apis aux Égyptiens craintifs et prosternés, le prêtre s'écrie : «Peuples, sous
« cette métamorphose, reconnoissez
« la divinité de l'Égypte; que l'univers
« entier l'adore; que l'impie qui rai-
« sonne et qui doute, exécration de
« la terre, vil rebut des humains, soit
« frappé du feu céleste. Qui que tu
« sois, tu ne crains point les dieux,
« mortel superbe qui dans Apis n'ap-
« perçois qu'un bœuf, et qui crois plus
« ce que tu vois que ce que je te dis».
Tels étoient sans doute les discours des prêtres de Memphis, qui devoient se persuader, comme la femme déja citée, qu'on cessoit d'être animé d'une passion forte au moment même qu'on cessoit d'être aveugle. Comment ne l'eussent-ils pas cru? On voit tous les jours de bien plus foibles intérêts produire sur nous de semblables effets.

Lorsque l'ambition, par exemple, met les armes à la main à deux nations puissantes, et que les citoyens inquiets se demandent les uns aux autres des nouvelles ; d'une part, quelle facilité à croire les bonnes ! de l'autre, quelle incrédulité sur les mauvaises ! Combien de fois une trop sotte confiance en des moines ignorants n'a-t-elle pas fait nier à des chrétiens la possibilité des antipodes ? Il n'est point de siecle qui, par quelque affirmation ou quelque négation ridicule, n'apprête à rire au siecle suivant. Une folie passée éclaire rarement les hommes sur leur folie présente.

Au reste, ces mêmes passions, qu'on doit regarder comme le germe d'une infinité d'erreurs, sont aussi la source de nos lumieres. Si elles nous égarent, elles seules nous donnent la force nécessaire pour marcher ; elles seules peuvent nous arracher à cette inertie et à cette paresse toujours prêtes à saisir toutes les facultés de notre ame.

Mais ce n'est pas ici le lieu d'examiner la vérité de cette proposition. Je passe maintenant à la seconde cause de nos erreurs.

CHAPITRE III.

De l'Ignorance.

Nous nous trompons, lorsqu'entraînés par une passion, et fixant toute notre attention sur un des côtés d'un objet, nous voulons, par ce seul côté, juger de l'objet entier. Nous nous trompons encore lorsque, nous établissant juges sur une matiere, notre mémoire n'est point chargée de tous les faits de la comparaison desquels dépend la justesse de nos décisions. Ce n'est pas que chacun n'ait l'esprit juste : chacun voit bien ce qu'il voit ; mais, personne ne se défiant assez de son ignorance, on croit trop facilement que ce que l'on voit dans un objet est tout ce que l'on y peut voir.

Dans les questions un peu difficiles, l'ignorance doit être regardée comme la principale cause de nos erreurs. Pour savoir combien en ce cas il est facile de se faire illusion à soi-même, et comment, en tirant des conséquences toujours justes de leurs principes, les hommes arrivent à des résultats entièrement contradictoires, je choisirai pour exemple une question un peu compliquée : telle est celle du luxe, sur laquelle on a porté des jugements très différents, selon qu'on l'a considérée sous telle ou telle face.

Comme le mot de *luxe* est vague, n'a aucun sens bien déterminé, et n'est ordinairement qu'une expression relative, il faut d'abord attacher une idée nette à ce mot de *luxe* pris dans une signification rigoureuse, et donner ensuite une définition du luxe considéré par rapport à une nation et par rapport à un particulier.

Dans une signification rigoureuse, on doit entendre par *luxe* toute espece de superfluités; c'est-à-dire tout ce qui n'est pas absolument nécessaire à la conservation de l'homme. Lorsqu'il s'agit d'un peuple policé et des particuliers qui le composent, ce mot de *luxe* a une tout autre signification; il devient absolument relatif. Le luxe d'une nation policée est l'emploi de ses richesses à ce que nomme superfluités le peuple avec lequel on compare cette nation. C'est le cas où se trouve l'Angleterre par rapport à la Suisse.

Le luxe, dans un particulier, est pareillement l'emploi de ses richesses à ce que l'on doit appeler superfluités eu égard au poste que cet homme occupe dans un état, et au pays dans lequel il vit. Tel étoit le luxe de Bourvalais.

Cette définition donnée, voyons sous quels aspects différents on a considéré le luxe des nations, lorsque les uns l'ont regardé comme utile, et les autres comme nuisible, à l'état.

Les premiers ont porté leurs regards sur ces manufactures que le luxe construit, où l'étranger s'empresse d'échanger ses trésors contre l'industrie d'une nation. Ils voient l'augmentation des richesses amener à sa suite l'augmentation du luxe et la perfection des arts propres à le satisfaire. Le siecle du luxe leur paroît l'époque de la grandeur et de la puissance d'un état. L'abondance d'argent qu'il suppose et qu'il attire, rend, disent-ils, la nation heureuse au dedans, et redoutable au dehors. C'est par l'argent qu'on soudoie un grand nombre de troupes, qu'on bâtit des magasins, qu'on fournit des arsenaux, qu'on contracte, qu'on entretient alliance avec de grands princes, et qu'une nation enfin peut non seulement résister, mais encore commander, à des peuples plus nombreux, et par conséquent plus réellement puissants qu'elle. Si le luxe rend un état redoutable au dehors, quelle félicité ne lui procure-t-il pas au dedans! Il adoucit les mœurs, il crée de nouveaux plaisirs, fournit par ce moyen à la subsistance d'une infinité d'ouvriers. Il excite une cupidité salutaire qui arrache l'homme à cette inertie, à cet ennui qu'on doit regarder comme une des maladies les plus communes et les plus cruelles de l'humanité. Il répand par-tout une chaleur vivifiante, fait circuler la vie dans tous les membres d'un état, y réveille l'industrie, fait ouvrir des ports, y construit des vaisseaux, les guide à travers l'océan, et rend enfin communes à tous les hommes les productions et les richesses que la nature avare enferme dans les gouffres des mers, dans les abymes de la terre, ou qu'elle tient éparses dans mille climats divers. Voilà, je pense, à-peu-près le point de vue sous lequel le luxe se présente à ceux qui le considerent comme utile aux états.

Examinons maintenant l'aspect sous lequel il s'offre aux philosophes qui le regardent comme funeste aux nations.

Le bonheur des peuples dépend et de la félicité dont ils jouissent au dedans, et du respect qu'ils inspirent au dehors.

A l'égard du premier objet, nous pensons, diront ces philosophes, que le luxe et les richesses qu'il attire dans un état n'en rendroient les sujets que plus heureux, si ces richesses étoient moins inégalement partagées, et que chacun pût se procurer les commodités dont l'indigence le force à se priver.

Le luxe n'est donc pas nuisible comme luxe, mais simplement comme l'effet d'une grande disproportion entre les richesses des citoyens (1).

(1) Le luxe fait circuler l'argent, il le retire des coffres où l'avarice pourroit l'entasser : c'est donc le luxe, disent

Aussi le luxe n'est-il jamais extrême, lorsque le partage des richesses n'est

quelques gens, qui remet l'équilibre entre les fortunes des citoyens. Ma réponse à ce raisonnement, c'est qu'il ne produit point cet effet. Le luxe suppose toujours une cause d'inégalité de richesses entre les citoyens; or cette cause, qui fait les premiers riches, doit, lorsque le luxe les a ruinés, en reproduire toujours de nouveaux. Si l'on détruisoit cette cause d'inégalité de richesses, le luxe disparoîtroit avec elle. Il n'y a pas de ce qu'on appelle *luxe* dans les pays où les fortunes des citoyens sont à-peu-près égales. J'ajouterai à ce que je viens de dire, que, cette inégalité de richesse une fois établie, le luxe lui-même est, en partie, cause de la reproduction perpétuelle du luxe. En effet, tout homme qui se ruine par son luxe transporte la plus grande partie de ses richesses dans les mains des artisans du luxe; ceux-ci, enrichis des dépouilles

pas trop inégal; il s'augmente à mesure qu'elles se rassemblent en un plus petit nombre de mains ; il parvient enfin à d'une infinité de dissipateurs, deviennent riches à leur tour, et se ruinent de la même maniere. Or, des débris de tant de fortunes, ce qui reflue de richesses dans les campagnes n'en peut être que la moindre partie, parceque les productions de la terre, destinées à l'usage commun des hommes, ne peuvent jamais excéder un certain prix.

Il n'en est pas ainsi de ces mêmes productions lorsqu'elles ont passé dans les manufactures et qu'elles ont été employées par l'industrie; elles n'ont alors de valeur que celle que leur donne la fantaisie; le prix en devient excessif. Le luxe doit donc toujours retenir l'argent dans les mains de ses artisans, le faire toujours circuler dans la même classe d'hommes, et par ce moyen entretenir toujours l'inégalité des richesses entre les citoyens.

son dernier période, lorsque la nation se partage en deux classes, dont l'une abonde en superfluités, et l'autre manque du nécessaire.

Arrivé une fois à ce point, l'état d'une nation est d'autant plus cruel qu'il est incurable. Comment remettre alors quelque égalité dans les fortunes des citoyens ? L'homme riche aura acheté de grandes seigneuries : à portée de profiter du dérangement de ses voisins, il aura réuni en peu de temps une infinité de petites propriétés à son domaine. Le nombre des propriétaires diminué, celui des journaliers sera augmenté : lorsque ces derniers seront assez multipliés pour qu'il y ait plus d'ouvriers que d'ouvrage, alors le journalier suivra le cours de toute espece de marchandise, dont la valeur diminue lorsqu'elle est commune. D'ailleurs, l'homme riche, qui a plus de luxe encore que de richesses, est intéressé à baisser le prix des journées, à n'offrir au journalier que la paie absolument nécessaire pour sa subsistance (1) : le besoin contraint ce dernier à s'en

(1) On croit communément que les campagnes sont ruinées par les corvées, les impositions, et sur-tout par celle des tailles; je conviendrai volontiers qu'elles sont très onéreuses : il ne faut cependant pas imaginer que la seule suppression de cet impôt rendît la condition des paysans fort heureuse. Dans beaucoup de provinces la journée est de huit sous : or, de ces huit sous, si je déduis l'imposition de l'église, c'est-à-dire à-peu-près quatre-vingt-dix fêtes ou dimanches, et peut-être une trentaine de jours dans l'année où l'ouvrier est incommodé, sans ouvrage, ou employé aux corvées, il ne lui reste, l'un portant l'autre, que six sous par jour : tant qu'il est garçon, je veux que ces six sous

contenter ; mais s'il lui survient quelque maladie ou quelque augmentation de famille, alors, faute d'une

fournissent à sa dépense, le nourrissent, le vêtent, le logent; dès qu'il sera marié, ces six sous ne pourront plus lui suffire, parceque, dans les premières années du mariage, la femme, entièrement occupée à soigner ou à allaiter ses enfants, ne peut rien gagner. Supposons qu'on lui fît alors remise entiere de sa taille, c'est-à-dire cinq ou six francs, il auroit à-peu-près un liard de plus à dépenser par jour; or ce liard ne changeroit sûrement rien à sa situation. Que faudroit-il donc faire pour la rendre heureuse? Hausser considérablement le prix des journées. Pour cet effet il faudroit que les seigneurs vécussent habituellement dans leurs terres : à l'exemple de leurs peres, ils récompenseroient les services de leurs domestiques par le don de quelques arpents de terre : le nombre des propriétaires augmenteroit

nourriture saine ou assez abondante, il devient infirme, il meurt, et laisse à l'état une famille de mendiants. Pour prévenir un pareil malheur, il faudroit avoir recours à un nouveau partage des terres : partage toujours injuste et impraticable. Il est donc évident que, le luxe parvenu à un certain période, il est impossible de remettre aucune égalité entre la fortune des citoyens. Alors les riches et les richesses se rendent dans les capitales, où les attirent les plaisirs et les arts du luxe : alors la campagne reste inculte et pauvre; sept ou huit millions d'hommes languissent dans la misere (1), et cinq ou six mille vivent

insensiblement, celui des journaliers diminueroit; et ces derniers, devenus plus rares, mettroient leur peine à plus haut prix.

(1) Il est bien singulier que les pays

dans une opulence qui les rend odieux, sans les rendre plus heureux.

En effet que peut ajouter au bon-

vantés par leur luxe et leur police soient les pays où le plus grand nombre des hommes est plus malheureux que ne le sont les nations sauvages, si méprisées des nations policées. Qui doute que l'état du sauvage ne soit préférable à celui du paysan? Le sauvage n'a point, comme lui, à craindre la prison, la surcharge des impôts, la vexation d'un seigneur, le pouvoir arbitraire d'un subdélégué; il n'est point perpétuellement humilié et abruti par la présence journaliere d'hommes plus riches et plus puissants que lui: sans supérieur, sans servitude, plus robuste que le paysan, parcequ'il est plus heureux, il jouit du bonheur de l'égalité, et sur-tout du bien inestimable de la liberté, si inutilement réclamée par la plupart des nations.

Dans les pays policés, l'art de la législ-

heur d'un homme l'excellence plus ou moins grande de sa table ? Ne lui suffit-il pas d'attendre la faim, de pro-

lation n'a souvent consisté qu'à faire concourir une infinité d'hommes au bonheur d'un petit nombre, à tenir pour cet effet la multitude dans l'oppression, et à violer envers elle tous les droits de l'humanité.

Cependant le vrai esprit législatif ne devroit s'occuper que du bonheur général. Pour procurer ce bonheur aux hommes, peut-être faudroit-il les rapprocher de la vie de pasteur ; peut-être les découvertes en législation nous rameneront-elles à cet égard au point d'où l'on est d'abord parti. Non que je veuille décider une question si délicate, et qui exigeroit l'examen le plus profond ; mais j'avoue qu'il est bien étonnant que tant de formes différentes de gouvernement, établies du moins sous le prétexte du bien public, que tant de lois, tant de réglements, n'aient été chez la plupart des peuples que des instruments

portionner ses exercices ou la longueur de ses promenades au mauvais goût de son cuisinier, pour trouver délicieux tout mets qui ne sera pas détestable? D'ailleurs la frugalité et l'exercice ne le font-ils pas échapper à toutes les maladies qu'occasionne

de l'infortune des hommes. Peut-être ne peut-on échapper à ce malheur sans revenir à des mœurs infiniment plus simples. Je sens bien qu'il faudroit alors renoncer à une infinité de plaisirs dont on ne peut se détacher sans peine; mais ce sacrifice cependant seroit un devoir, si le bien général l'exigeoit. N'est-on pas même en droit de soupçonner que l'extrême félicité de quelques particuliers est toujours attachée au malheur du plus grand nombre? vérité assez heureusement exprimée par ces deux vers sur les sauvages:

Chez eux tout est commun, chez eux tout est égal;
Comme ils sont sans palais, ils sont sans hôpital.

la gourmandise irritée par la bonne chere ? Le bonheur ne dépend donc pas de l'excellence de la table.

Il ne dépend pas non plus de la magnificence des habits ou des équipages : lorsqu'on paroît en public couvert d'un habit brodé et traîné dans un char brillant, on n'éprouve pas des plaisirs physiques, qui sont les seuls plaisirs réels ; on est tout au plus affecté d'un plaisir de vanité, dont la privation seroit peut-être insupportable, mais dont la jouissance est insipide. Sans augmenter son bonheur, l'homme riche ne fait, par l'étalage de son luxe, qu'offenser l'humanité et le malheureux, qui, comparant les haillons de la misere aux habits de l'opulence, s'imagine qu'entre le bonheur du riche et le sien il n'y a pas moins de différence qu'entre leurs vêtements ; qui se rappelle, à cette occasion, le souvenir douloureux des peines qu'il endure, et qui se trouve ainsi privé du seul soulagement de l'infortuné, de l'oubli momentanée de sa misere.

Il est donc certain, continueront ces philosophes, que le luxe ne fait le bonheur de personne, et qu'en supposant une trop grande inégalité de richesses entre les citoyens, il suppose le malheur du plus grand nombre d'entre eux. Le peuple chez qui le luxe s'introduit n'est donc pas heureux au dedans : voyons s'il est respectable au dehors.

L'abondance d'argent que le luxe attire dans un état en impose d'abord à l'imagination ; cet état est pour quelques instants un état puissant : mais cet avantage (supposé qu'il puisse exister quelque avantage indépendant du bonheur des citoyens) n'est, comme le remarque M. Hume, qu'un avantage passager. Assez semblables aux mers, qui successivement abandonnent et couvrent mille plages différentes, les richesses doivent successivement parcourir mille climats divers. Lorsque, par la beauté de ses manufactures et la perfection des arts de luxe, une nation a attiré chez elle l'argent des peuples voisins, il est évident que le prix des denrées et de la main-d'œuvre doit nécessairement baisser chez ces peuples appauvris, et que ces peuples, en enlevant quelques manufacturiers, quelques ouvriers à cette nation riche, peuvent l'appauvrir à son tour en l'approvisionnant, à meilleur compte, des marchandises dont cette nation les fournissoit (1). Or, sitôt que la di-

(1) Ce que je dis du commerce des marchandises de luxe ne doit pas s'appli-

sette d'argent se fait sentir dans un état accoutumé au luxe, la nation tombe dans le mépris.

quer à toute espece de commerce. Les richesses que les manufactures et la perfection des arts du luxe attirent dans un état n'y sont que passageres, et n'augmentent pas la félicité des particuliers. Il n'en est pas de même des richesses qu'attire le commerce des marchandises qu'on appelle de premiere nécessité. Ce commerce suppose une excellente culture des terres, une subdivision de ces mêmes terres en une infinité de petits domaines, et par conséquent un partage bien moins inégal des richesses. Je sais bien que le commerce des denrées doit, après un certain temps, occasionner aussi une très grande disproportion entre les fortunes des citoyens, et amener le luxe à sa suite; mais peut-être n'est-il pas impossible d'arrêter dans ce cas les progrès du luxe. Ce qu'on peut du moins assurer, c'est que la réunion des richesses en un plus petit

Pour s'y soustraire, il faudroit se rapprocher d'une vie simple; et les mœurs ainsi que les lois s'y opposent.

nombre de mains se fait alors bien plus lentement, et parceque les propriétaires sont à-la-fois cultivateurs et négociants, et parceque, le nombre des propriétaires étant plus grand et celui des journaliers plus petit, ceux-ci, devenus plus rares, sont, comme je l'ai dit dans une note précédente, en état de donner la loi, de taxer leurs journées, et d'exiger une paie suffisante pour subsister honnêtement eux et leurs familles. C'est ainsi que chacun a part aux richesses que procure aux états le commerce des denrées. J'ajouterai de plus que ce commerce n'est pas sujet aux mêmes révolutions que le commerce des manufactures de luxe; un art, une manufacture passe aisément d'un pays dans un autre; mais quel temps ne faut-il pas pour vaincre l'ignorance et la paresse des paysans, et les engager à s'adonner à la

Aussi l'époque du plus grand luxe d'une nation est-elle ordinairement l'époque la plus prochaine de sa chûte

culture d'une nouvelle denrée! Pour naturaliser cette nouvelle denrée dans un pays, il faut un soin et une dépense qui doivent presque toujours laisser à cet égard l'avantage du commerce au pays où cette denrée croît naturellement, et dans lequel elle est depuis long-temps cultivée.

Il est cependant un cas, peut-être imaginaire, où l'établissement des manufactures et le commerce des arts de luxe pourroit être regardé comme très utile : ce seroit lorsque l'étendue et la fertilité d'un pays ne seroient pas proportionnées au nombre de ses habitants, c'est-à-dire lorsqu'un état ne pourroit nourrir tous ses citoyens. Alors une nation qui ne sera point à portée de peupler un pays tel que l'Amérique n'a que deux partis à prendre ; l'un, d'envoyer des colonies ravager les contrées voisines, et s'établir, comme

et de son avilissement. La félicité et la puissance apparente que le luxe communique durant quelques instants aux nations, est comparable à ces fievres violentes qui prêtent, dans le transport, une force incroyable au malade qu'elles dévorent, et qui semblent ne multiplier les forces d'un

certains peuples, à main armée dans des pays assez fertiles pour les nourrir; l'autre, d'établir des manufactures, de forcer les nations voisines d'y lever des marchandises, et de lui apporter en échange les denrées nécessaires à la subsistance d'un certain nombre d'habitants. Entre ces deux partis, le dernier est sans contredit le plus humain. Quel que soit le sort des armes, victorieuse ou vaincue, toute colonie qui entre à main armée dans un pays y répand certainement plus de désolation et de maux que n'en peut occasionner la levée d'une espece de tribut, moins exigé par la force que par l'humanité.

homme que pour le priver, au déclin de l'accès, et de ces mêmes forces et de la vie.

Pour se convaincre de cette vérité, diront encore les mêmes philosophes, cherchons ce qui doit rendre une nation réellement respectable à ses voisins : c'est, sans contredit, le nombre, la vigueur de ses citoyens, leur attachement pour la patrie, et enfin leur courage et leur vertu.

Quant au nombre des citoyens, on sait que les pays de luxe ne sont pas les plus peuplés; que, dans la même étendue de terrain cultivé, la Suisse peut compter plus d'habitants que l'Espagne, la France, et même l'Angleterre.

La consommation d'hommes, qu'occasionne nécessairement un grand commerce (1), n'est pas en ces pays

(1) Cette consommation d'hommes est

l'unique cause de la dépopulation : le luxe en crée mille autres, puisqu'il attire les richesses dans les capitales, laisse les campagnes dans la disette, favorise le pouvoir arbitraire, et par

cependant si grande, qu'on ne peut sans frémir considérer celle que suppose notre commerce d'Amérique. L'humanité, qui commande l'amour de tous les hommes, veut que, dans la traite des Negres, je mette également au rang des malheurs, et la mort de mes compatriotes, et celle de tant d'Africains qu'anime au combat l'espoir de faire des prisonniers, et le desir de les échanger contre nos marchandises. Si l'on suppute le nombre d'hommes qui périt, tant par les guerres que dans la traversée d'Afrique en Amérique; qu'on y ajoute celui des Negres qui, arrivés à leur destination, deviennent la victime des caprices, de la cupidité et du pouvoir arbitraire d'un maître; et qu'on joigne à ce nombre celui des citoyens qui périssent

conséquent l'augmentation des subsides, et qu'il donne enfin aux nations opulentes la facilité de contracter des dettes (1), dont elles ne peuvent en-

par le feu, le naufrage ou le scorbut; qu'enfin on y ajoute celui des matelots qui meurent pendant leur séjour à Saint-Domingue, ou par les maladies affectées à la température particuliere de ce climat, ou par les suites d'un libertinage toujours si dangereux en ce pays; on conviendra qu'il n'arrive point de barrique de sucre en Europe qui ne soit teinte de sang humain. Or quel homme, à la vue des malheurs qu'occasionnent la culture et l'exportation de cette denrée, refuseroit de s'en priver, et ne renonceroit pas à un plaisir acheté par les larmes et la mort de tant de malheureux? Détournons nos regards d'un spectacle si funeste, et qui fait tant de honte et d'horreur à l'humanité.

(1) La Hollande, l'Angleterre, la

suite s'acquitter sans surcharger les peuples d'impôts onéreux. Or ces différentes causes de dépopulation, en plongeant tout un pays dans la misère, y doivent nécessairement affoiblir la constitution des corps. Le peuple adonné au luxe n'est jamais un peuple robuste : de ces citoyens, les uns sont énervés par la mollesse, les autres exténués par le besoin.

Si les peuples sauvages ou pauvres, comme le remarque le chevalier Folard, ont à cet égard une grande supériorité sur les peuples livrés au luxe, c'est que le laboureur est, chez les nations pauvres, souvent plus riche que chez les nations opulentes; c'est qu'un paysan suisse est plus à son aise qu'un paysan français (1).

France, sont chargées de dettes; et la Suisse ne doit rien.

(1) Il ne suffit pas, dit Grotius, que le

Pour former des corps robustes, il faut une nourriture simple, mais saine et assez abondante; un exercice qui, sans être excessif, soit fort; une grande habitude à supporter les intempéries des saisons; habitude que contractent les paysans, qui, par cette raison, sont infiniment plus propres à soutenir les fatigues de la guerre que des manufacturiers, la plupart habitués à une vie sédentaire. C'est aussi chez les nations pauvres que se forment ces armées infatigables qui changent le destin des empires.

Quels remparts opposeroit à ces nations un pays livré au luxe et à la mollesse? Il ne peut leur en imposer ni par le nombre ni par la force de ses habitants. L'attachement pour la

peuple soit pourvu des choses absolument nécessaires à sa conservation et à sa vie, il faut encore qu'il l'ait agréable.

patrie, dira-t-on, peut suppléer au nombre et à la force des citoyens. Mais qui produiroit en ces pays cet amour vertueux de la patrie ? L'ordre des paysans, qui compose à lui seul les deux tiers de chaque nation, y est malheureux: celui des artisans n'y possede rien ; transplanté de son village dans une manufacture ou une boutique, et de cette boutique dans une autre, l'artisan est familiarisé avec l'idée du déplacement ; il ne peut contracter d'attachement pour aucun lieu ; assuré presque par-tout de sa subsistance, il doit se regarder, non comme le citoyen d'un pays, mais comme un habitant du monde.

Un pareil peuple ne peut donc se distinguer long-temps par son courage; parceque, dans un peuple, le courage est ordinairement ou l'effet de la vigueur du corps, de cette confiance aveugle en ses forces qui cache aux hommes la moitié du péril auquel ils s'exposent, ou l'effet d'un violent amour pour la patrie, qui leur fait dédaigner les dangers : or le luxe tarit à la longue ces deux sources de courage (1). Peut-être la cupidité en

(1) En conséquence l'on a toujours regardé l'esprit militaire comme incompatible avec l'esprit de commerce : ce n'est pas qu'on ne puisse du moins les concilier jusqu'à un certain point ; mais c'est qu'en politique ce problême est un des plus difficiles à résoudre. Ceux qui jusqu'à présent ont écrit sur le commerce l'ont traité comme une question isolée : ils n'ont pas assez fortement senti que tout a ses reflets ; qu'en fait de gouvernement il n'est point proprement de question isolée ; qu'en ce genre le mérite d'un auteur consiste à lier ensemble toutes les parties de l'administration ; et qu'enfin un état est une machine mue par différents ressorts,

ouvriroit-elle une troisieme, si nous vivions encore dans ces siecles barbares où l'on réduisoit les peuples en servitude, et l'on abandonnoit les villes au pillage. Le soldat n'étant plus maintenant excité par ce motif, il ne peut l'être que par ce qu'on appelle l'honneur : or le desir de l'honneur s'éteint chez un peuple, lorsque l'amour des richesses s'y allume (1). En vain diroit-on que les nations riches gagnent du moins en bonheur et en plaisirs ce qu'elles perdent en vertu

dont il faut augmenter ou diminuer la force proportionnément au jeu de ces ressorts entre eux, et à l'effet qu'on veut produire.

(1) Il est inutile d'avertir que le luxe est, à cet égard, plus dangereux pour une nation située en terre-ferme que pour des insulaires ; leurs remparts sont leurs vaisseaux, et leurs soldats les matelots.

et en courage : un Spartiate (1) n'étoit pas moins heureux qu'un Perse : les premiers Romains, dont le courage étoit récompensé par le don de quelques denrées, n'auroient point envié le sort de Crassus.

Caïus Duillius, qui, par ordre du sénat, étoit tous les soirs reconduit à sa maison à la clarté des flambeaux

---

(1) Un jour qu'on faisoit devant Alcibiade l'éloge de la valeur des Spartiates : « De quoi s'étonne-t-on ? disoit-il : à la « vie malheureuse qu'ils menent, ils ne « doivent avoir rien de si pressé que de « mourir ». Cette plaisanterie étoit celle d'un jeune homme nourri dans le luxe. Alcibiade se trompoit, et Lacédémone n'envioit pas le bonheur d'Athenes. C'est ce qui faisoit dire à un ancien qu'il étoit plus doux de vivre, comme les Spartiates, à l'ombre des bonnes lois, qu'à l'ombre des bocages, comme les Sybarites.

et au son des flûtes, n'étoit pas moins sensible à ce concert grossier que nous le sommes à la plus brillante sonate. Mais, en accordant que les nations opulentes se procurent quelques commodités inconnues aux peuples pauvres, qui jouira de ces commodités ? un petit nombre d'hommes privilégiés et riches, qui, se prenant pour la nation entiere, concluent de leur aisance particuliere que le paysan est heureux. Mais, quand même ces commodités seroient réparties entre un plus grand nombre de citoyens, de quel prix est cet avantage comparé à ceux que procure à des peuples pauvres une ame forte, courageuse, et ennemie de l'esclavage ? Les nations chez qui le luxe s'introduit sont tôt ou tard victimes du despotisme ; elles présentent des mains foibles et débiles aux fers dont la tyrannie veut les charger. Comment s'y soustraire ? Dans ces nations, les uns vivent dans la mollesse ; et la mollesse ne pense ni ne prévoit : les autres languissent dans la misere ; et le besoin pressant, entièrement occupé à se satisfaire, n'éleve point ses regards jusqu'à la liberté. Dans la forme despotique, les richesses de ces nations sont à leurs maîtres ; dans la forme républicaine, elles appartiennent aux gens puissants, comme aux peuples courageux qui les avoisinent.

« Apportez-nous vos trésors, au-
« roient pu dire les Romains aux
« Carthaginois ; ils nous appartien-
« nent. Rome et Carthage ont toutes
« deux voulu s'enrichir ; mais elles
« ont pris des routes différentes pour
« arriver à ce but : tandis que vous
« encouragiez l'industrie de vos ci-
« toyens, que vous établissiez des

« manufactures, que vous couvriez la
« mer de vos vaisseaux, que vous
« alliez reconnoître des côtes inha-
« bitées, et que vous attiriez chez
« vous tout l'or des Espagnes et
« de l'Afrique; nous, plus prudents,
« nous endurcissions nos soldats aux
« fatigues de la guerre, nous élevions
« leur courage ; nous savions que
« l'industrieux ne travailloit que pour
« le brave. Le temps de jouir est
« arrivé; rendez-nous des biens que
« vous êtes dans l'impuissance de dé-
« fendre ». Si les Romains n'ont pas tenu ce langage, du moins leur conduite prouve-t-elle qu'ils étoient affectés des sentiments que ce discours suppose. Comment la pauvreté de Rome n'eût-elle pas commandé à la richesse de Carthage, et conservé à cet égard l'avantage que presque toutes les nations pauvres ont eu sur les

nations opulentes ? N'a-t-on pas vu la frugale Lacédémone triompher de la riche et commerçante Athenes ; les Romains fouler aux pieds les sceptres d'or de l'Asie ? N'a-t-on pas vu l'Égypte, la Phénicie, Tyr, Sidon, Rhodes, Gênes, Venise, subjuguées, ou du moins humiliées, par des peuples qu'elles appeloient barbares ? Et qui sait si on ne verra pas un jour la riche Hollande, moins heureuse au dedans que la Suisse, opposer à ses ennemis une résistance moins opiniâtre ? Voilà sous quel point de vue le luxe se présente aux philosophes, qui l'ont regardé comme funeste aux nations.

La conclusion de ce que je viens de dire, c'est que les hommes, en voyant bien ce qu'ils voient, en tirant des conséquences très justes de leurs principes, arrivent cependant à des résultats souvent contradictoires, parcequ'ils n'ont pas dans la mémoire tous les objets de la comparaison desquels doit résulter la vérité qu'ils cherchent.

Il est, je pense, inutile de dire qu'en présentant la question du luxe sous deux aspects différents, je ne prétends point décider si le luxe est réellement nuisible ou utile aux états : il faudroit, pour résoudre exactement ce problême moral, entrer dans des détails étrangers à l'objet que je me propose : j'ai seulement voulu prouver, par cet exemple, que dans les questions compliquées, et sur lesquelles on juge sans passion, on ne se trompe jamais que par ignorance, c'est-à-dire en imaginant que le côté qu'on voit dans un objet est tout ce qu'il y a à voir dans ce même objet.

CHAPITRE IV.

De l'Abus des mots.

UNE autre cause d'erreur, et qui tient pareillement à l'ignorance, c'est l'abus des mots, et les idées peu nettes qu'on y attache. M. Locke a si heureusement traité ce sujet, que je ne m'en permets l'examen que pour épargner la peine des recherches aux lecteurs, qui tous n'ont pas l'ouvrage de ce philosophe également présent à l'esprit.

Descartes avoit déja dit, avant Locke, que les péripatéticiens, retranchés derriere l'obscurité des mots, étoient assez semblables à des aveugles qui, pour rendre le combat égal, attireroient un homme clairvoyant dans une caverne obscure. Que cet homme, ajoutoit-il, sache donner du jour à la caverne, qu'il force les péripatéticiens d'attacher des idées nettes aux mots dont ils se servent, son triomphe est assuré. D'après Descartes et Locke, je vais donc prouver qu'en métaphysique et en morale l'abus des mots et l'ignorance de leur vraie signification est, si j'ose le dire, un labyrinthe où les plus grands génies se sont quelquefois égarés. Je prendrai pour exemple quelques uns de ces mots qui ont excité les disputes les plus longues et les plus vives entre les philosophes : tels sont, en métaphysique, les mots de *matiere*, d'*espace*, et d'*infini*.

L'on a de tout temps et tour-à-tour soutenu que la matiere sentoit ou ne sentoit pas, et l'on a sur ce sujet disputé très longuement et très vaguement. L'on s'est avisé très tard de se demander sur quoi l'on disputoit, et d'attacher une idée précise à ce mot de *matiere*. Si d'abord l'on en eût fixé la signification, on eût reconnu que les hommes étoient, si j'ose le dire, les créateurs de la matiere, que la matiere n'étoit pas un être, qu'il n'y avoit dans la nature que des individus auxquels on avoit donné le nom de corps, et qu'on ne pouvoit entendre par ce mot de matiere que la collection des propriétés communes à tous les corps. La signification de ce mot ainsi déterminée, il ne s'agissoit plus que de savoir si l'étendue, la solidité, l'impénétrabilité, étoient les seules propriétés communes à tous les corps; et si la découverte d'une force telle, par exemple, que l'attraction ne pouvoit pas faire soupçonner que les corps eussent encore quelques propriétés inconnues, telles que la faculté de sentir, qui, ne se manifestant que dans les corps organisés des animaux, pouvoit être cependant commune à tous les individus. La question réduite à ce point, on eût alors senti que, s'il est à la rigueur impossible de démontrer que tous les corps soient absolument insensibles, tout homme qui n'est pas sur ce sujet éclairé par la révélation ne peut décider la question qu'en calculant et comparant la probabilité de cette opinion avec la probabilité de l'opinion contraire.

Pour terminer cette dispute, il n'étoit donc point nécessaire de bâtir différents systèmes du monde, de se perdre dans la combinaison des possibilités, et de faire ces efforts prodigieux d'esprit qui n'ont abouti et n'ont dû réellement aboutir qu'à des erreurs plus ou moins ingénieuses. En effet, (qu'il me soit permis de le remarquer ici,) s'il faut tirer tout le parti possible de l'observation, il faut ne marcher qu'avec elle, s'arrêter au moment qu'elle nous abandonne, et avoir le courage d'ignorer ce qu'on ne peut encore savoir.

Instruits par les erreurs des grands hommes qui nous ont précédés, nous devons sentir que nos observations multipliées et rassemblées suffisent à peine pour former quelques uns de ces systêmes partiels renfermés dans le systême général; que c'est des profondeurs de l'imagination qu'on a jusqu'à présent tiré celui de l'univers; et que si l'on n'a jamais que des nouvelles tronquées des pays éloignés de nous, les philosophes n'ont pareillement que des nouvelles tronquées du systême du monde. Avec beaucoup d'esprit et de combinaisons, ils ne débiteront jamais que des fables, jusqu'à ce que le temps et le hasard leur aient donné un fait général auquel tous les autres puissent se rapporter.

Ce que j'ai dit du mot de *matiere*, je le dis de celui d'*espace* ; la plupart des philosophes en ont fait un être, et l'ignorance de la signification de ce mot a donné lieu à de longues disputes (1). Ils les auroient abrégées s'ils avoient attaché une idée nette à ce mot : ils seroient alors convenus que l'espace, considéré abstractivement, est le pur néant ; que l'espace, considéré dans les corps, est ce qu'on appelle l'étendue ; que nous devons l'idée de vuide, qui compose en partie l'idée d'espace, à l'intervalle apperçu entre deux montagnes élevées ; inter-

(1) Voyez les disputes de Clarke et de Leibnitz.

valle qui, n'étant occupé que par l'air, c'est-à-dire par un corps qui, d'une certaine distance, ne fait sur nous aucune impression sensible, a dû nous donner une idée du vuide, qui n'est autre chose que la possibilité de nous représenter des montagnes éloignées les unes des autres, sans que la distance qui les sépare soit remplie par aucun corps.

A l'égard de l'idée de *l'infini*, renfermée encore dans l'idée de l'*espace*, je dis que nous ne devons cette idée de l'infini qu'à la puissance qu'un homme placé dans une plaine a d'en reculer toujours les limites, sans qu'on puisse à cet égard fixer le terme où son imagination doive s'arrêter : l'*absence des bornes* est donc, en quelque genre que ce soit, la seule idée que nous puissions avoir de l'infini. Si les philosophes, avant que d'établir aucune opinion sur ce sujet, avoient déterminé la signification de ce mot d'*infini*, je crois que, forcés d'adopter la définition ci-dessus, ils n'auroient pas perdu leur temps à des disputes frivoles. C'est à la fausse philosophie des siecles précédents qu'on doit principalement attribuer l'ignorance grossiere où nous sommes de la vraie signification des mots : cette philosophie consistoit presque entièrement dans l'art d'en abuser. Cet art, qui faisoit toute la science des scholastiques, confondoit toutes les idées; et l'obscurité qu'il jetoit sur toutes les expressions se répandoit généralement sur toutes les sciences, et principalement sur la morale.

Lorsque le célebre M. de la Rochefoucauld dit que l'amour-propre est le principe de toutes nos actions, combien l'ignorance de la vraie signification de ce mot *amour-propre* ne souleva-t-elle pas de gens contre cet illustre auteur ! On prit l'amour-propre pour orgueil et vanité, et l'on s'imagina en conséquence que M. de la Rochefoucauld plaçoit dans le vice la source de toutes les vertus. Il étoit cependant facile d'appercevoir que l'amour-propre, ou l'amour de soi, n'étoit autre chose qu'un sentiment gravé en nous par la nature; que ce sentiment se transformoit dans chaque homme en vice ou en vertu, selon les goûts et les passions qui l'animoient; et que l'amour-propre, différemment modifié, produisoit également l'orgueil et la modestie.

La connoissance de ces idées auroit préservé M. de la Rochefoucauld du reproche tant répété qu'il voyoit l'humanité trop en noir; il l'a connue telle qu'elle est. Je conviens que la vue nette de l'indifférence de presque tous les hommes à notre égard est un spectacle affligeant pour notre vanité; mais enfin il faut prendre les hommes comme ils sont : s'irriter contre les effets de leur amour-propre, c'est se plaindre des giboulées du printemps, des ardeurs de l'été, des pluies de l'automne, et des glaces de l'hiver.

Pour aimer les hommes, il faut en attendre peu : pour voir leurs défauts sans aigreur, il faut s'accoutumer à les leur pardonner, sentir que l'indulgence est une justice que la foible humanité est en droit d'exiger de la sagesse. Or rien de plus propre à nous porter à l'indulgence, à fermer nos cœurs à la haine, à les ouvrir aux principes d'une morale humaine et douce, que la connoissance profonde du cœur humain, telle que l'avoit

M. de la Rochefoucauld : aussi les hommes les plus éclairés ont-ils presque toujours été les plus indulgents. Que de maximes d'humanité répandues dans leurs ouvrages ! *Vivez,* disoit Platon, *avec vos inférieurs et vos domestiques comme avec des amis malheureux.* « Entendrai-je
« toujours, disoit un philosophe in-
« dien, les riches s'écrier, Seigneur,
« frappe quiconque nous dérobe la
« moindre parcelle de nos biens ;
« tandis que, d'une voix plaintive et
« les mains étendues vers le ciel, le
« pauvre dit, Seigneur, fais-moi part
« des biens que tu prodigues au
« riche ; et si de plus infortunés m'en
« enlevent une partie, je n'implore-
« rai point ta vengeance, et je consi-
« dérerai ces larcins de l'œil dont
« on voit, au temps des semailles,
« les colombes se répandre dans les

« champs pour y chercher leur nour-
« riture. »

Au reste, si le mot d'amour-propre, mal entendu, a soulevé tant de petits esprits contre M. de la Rochefoucauld, quelles disputes, plus sérieuses encore, n'a point occasionnées le mot de *liberté!* disputes qu'on eût facilement terminées, si tous les hommes, aussi amis de la vérité que le P. Malebranche, fussent convenus, comme cet habile théologien, dans sa *Prémotion physique,* que la *liberté étoit un mystere. Lorsqu'on me pousse sur cette question,* disoit-il, *je suis forcé de m'arrêter tout court.* Ce n'est pas qu'on ne puisse se former une idée nette du mot de *liberté* pris dans une signification commune. L'homme libre est l'homme qui n'est ni chargé de fers, ni détenu dans les prisons, ni intimidé, comme l'esclave, par la crainte des châtiments ; en ce sens, la liberté de l'homme consiste dans l'exercice libre de sa puissance : je dis, de sa puissance, parcequ'il seroit ridicule de prendre pour une *non-liberté* l'impuissance où nous sommes de percer la nue comme l'aigle, de vivre sous les eaux comme la baleine, et de nous faire roi, pape, ou empereur.

On a donc une idée nette de ce mot de *liberté*, pris dans une signification commune. Il n'en est pas ainsi lorsqu'on applique ce mot de *liberté* à la volonté. Que seroit-ce alors que la liberté ? On ne pourroit entendre par ce mot que le pouvoir libre de vouloir ou de ne pas vouloir une chose : mais ce pouvoir supposeroit qu'il peut y avoir des volontés sans motifs, et par conséquent des effets sans cause. Il faudroit donc que nous pussions également nous vouloir du bien et du mal ; supposition absolument impossible. En effet, si le desir du plaisir est le principe de toutes nos pensées et de toutes nos actions, si tous les hommes tendent continuellement vers leur bonheur réel ou apparent, toutes nos volontés ne sont donc que l'effet de cette tendance. Or tout effet est nécessaire. En ce sens, on ne peut donc attacher aucune idée nette à ce mot de *liberté*. Mais, dira-t-on, si l'on est nécessité à poursuivre le bonheur par-tout où on l'apperçoit, du moins sommes-nous libres sur le choix des moyens que nous employons pour nous rendre heureux (1). Oui,

(1) Il est encore des gens qui regardent la suspension d'esprit comme une preuve de la liberté ; ils ne s'apperçoivent pas que la suspension est aussi nécessaire que la précipitation dans les jugements. Lors-

répondrai-je ; mais *libre* n'est alors qu'un synonyme d'*éclairé*, et l'on ne fait que confondre ces deux notions : selon qu'un homme saura plus ou moins de procédure et de jurisprudence, qu'il sera conduit dans ses affaires par un avocat plus ou moins habile, il prendra un parti meilleur ou moins bon ; mais, quelque parti

que, faute d'examen, l'on s'est exposé à quelque malheur, instruit par l'infortune, l'amour de soi doit nous nécessiter à la suspension.

On se trompe pareillement sur le mot *délibération*. Nous croyons délibérer lorsque nous avons, par exemple, à choisir entre deux plaisirs à-peu-près égaux et presque en équilibre ; cependant on ne fait alors que prendre pour délibération la lenteur avec laquelle, entre deux poids à-peu-près égaux, le plus pesant emporte un des bassins de la balance.

qu'il prenne, le desir de son bonheur lui fera toujours choisir le parti qui lui paroîtra le plus convenable à ses intérêts, ses goûts, ses passions, et enfin à ce qu'il regarde comme son bonheur.

Comment pourroit-on philosophiquement expliquer le problême de la liberté? Si, comme M. Locke l'a prouvé, nous sommes disciples des amis, des parents, des lectures, et enfin de tous les objets qui nous environnent, il faut que toutes nos pensées et nos volontés soient des effets immédiats ou des suites nécessaires des impressions que nous avons reçues.

On ne peut donc se former aucune idée de ce mot de *liberté*, appliqué à la volonté (1); il faut la considérer

_____

(1) « La liberté, disoient les stoïciens,

comme un mystere ; s'écrier avec S. Paul, *O altitudo !* convenir que la théologie seule peut discourir sur une pareille matiere, et qu'un traité philosophique de la liberté ne seroit qu'un traité des effets sans cause.

« est une chimere. Faute de connoître les
« motifs, de rassembler les circonstances
« qui nous déterminent à agir d'une cer-
« taine maniere, nous nous croyons li-
« bres. Peut-on penser que l'homme ait
« véritablement le pouvoir de se déter-
« miner ? Ne sont-ce pas plutôt les objets
« extérieurs, combinés de mille façons
« différentes, qui le poussent et le déter-
« minent ? Sa volonté est-elle une faculté
« vague et indépendante, qui agisse sans
« choix et par caprice ? Elle agit, soit en
« conséquence d'un jugement, d'un acte
« de l'entendement, qui lui représente
« que telle chose est plus avantageuse à
« ses intérêts que toute autre ; soit qu'in-
« dépendamment de cet acte les circon-

On voit quel germe éternel de disputes et de calamités renferme souvent l'ignorance de la vraie signification des mots. Sans parler du sang versé par les haines et les disputes théologiques, disputes presque toutes fondées sur un abus de mots, quels autres malheurs encore cette ignorance n'a-t-elle point produits, et dans quelles erreurs n'a-t-elle point jeté les nations!

Ces erreurs sont plus multipliées qu'on ne pense. On sait ce conte d'un Suisse : on lui avoit consigné une porte des Tuileries, avec défense d'y laisser entrer personne. Un bourgeois s'y présente : « On n'entre point, lui dit le

« stances où un homme se trouve l'inclinent, le forcent à se tourner d'un certain côté; et il se flatte alors qu'il s'y est tourné librement, quoiqu'il n'ait pas pu vouloir se tourner d'un autre». *Histoire critique de la Philosophie.*

« Suisse. — Aussi, répond le bour-
« geois, je ne veux point entrer, mais
« sortir seulement du Pont-Royal....
« —Ah! s'il s'agit de sortir, reprend
« le Suisse, monsieur, vous pouvez
« passer (1)». Qui le croiroit ? ce

(1) Lorsqu'on voit un chancelier avec sa simarre, sa large perruque et son air composé, s'il n'est point, dit Montaigne, de tableau plus plaisant à se faire que de se peindre ce même chancelier consommant l'œuvre du mariage ; peut-être n'est-on pas moins tenté de rire, lorsqu'on voit l'air soucieux et la gravité importante avec laquelle certains visirs s'asseient au divan pour opiner et conclure comme le Suisse: *Ah! s'il s'agit de sortir, monsieur, vous pouvez passer.* Les applications de ce mot sont si faciles et si fréquentes, qu'on peut s'en fier à cet égard à la sagacité des lecteurs, et les assurer qu'ils trouveront par-tout des sentinelles suisses.

Je ne puis m'empêcher de rapporter

conte est l'histoire du peuple romain. César se présente dans la place publique; il veut s'y faire couronner : et les Romains, faute d'attacher des idées précises au mot de royauté, lui accordent, sous le nom d'*imperator*, la puissance qu'ils lui refusent sous le nom de *rex*.

Ce que je dis des Romains peut généralement s'appliquer à tous les divans et à tous les conseils des princes.

encore à ce sujet un fait assez plaisant : c'est la réponse d'un Anglais à un ministre d'état. « Rien de plus ridicule, disoit le
« ministre aux courtisans, que la maniere
« dont se tient le conseil chez quelques
« nations negres. Représentez-vous une
« chambre d'assemblée où sont placées
« une douzaine de grandes cruches ou
« jarres à moitié pleines d'eau : c'est là
« que, nuds et d'un pas grave, se rendent une douzaine de conseillers d'état.

Parmi les peuples, comme parmi les souverains, il n'en est aucun que l'abus des mots n'ait précipité dans quelque erreur grossiere. Pour échapper à ce piege, il faudroit, suivant le conseil de Leibnitz, composer une langue philosophique, dans laquelle on détermineroit la signification précise de chaque mot. Les hommes alors pourroient s'entendre, se transmettre exactement leurs idées ; les disputes qu'é-

---

« Arrivés dans cette chambre, chacun
« saute dans sa cruche, s'y enfonce jus-
« qu'au cou ; et c'est dans cette posture
« qu'on opine et qu'on délibere sur les
« affaires d'état. Mais vous ne riez pas !
« dit le ministre au seigneur le plus près
« de lui. — C'est, répondit-il, que je vois
« tous les jours quelque chose de plus
« plaisant encore. — Quoi donc ? reprit le
« ministre. — C'est un pays où les cru-
« ches seules tiennent conseil. »

ternise l'abus des mots se termineroient ; et les hommes, dans toutes les sciences, seroient bientôt forcés d'adopter les mêmes principes.

Mais l'exécution d'un projet si utile et si desirable est peut-être impossible. Ce n'est point aux philosophes, c'est au besoin, qu'on doit l'invention des langues ; et le besoin en ce genre n'est pas difficile à satisfaire. En conséquence on a d'abord attaché quelques fausses idées à certains mots ; ensuite on a combiné, comparé, ces idées et ces mots entre eux ; chaque nouvelle combinaison a produit une nouvelle erreur ; ces erreurs se sont multipliées, et, en se multipliant, se sont tellement compliquées, qu'il seroit maintenant impossible, sans une peine et un travail infinis, d'en suivre et d'en découvrir la source. Il en est des langues comme d'un calcul algébrique : il s'y glisse d'abord quelques erreurs ; ces erreurs ne sont pas apperçues ; on calcule d'après ses premiers calculs ; de proposition en proposition l'on arrive à des conséquences entièrement ridicules : on en sent l'absurdité ; mais comment retrouver l'endroit où s'est glissée la premiere erreur ? Pour cet effet il faudroit refaire et revérifier un grand nombre de calculs : malheureusement il est peu de gens qui puissent l'entreprendre, encore moins qui le veuillent, sur-tout lorsque l'intérêt des hommes puissants s'oppose à cette vérification.

J'ai montré les vraies causes de nos faux jugements ; j'ai fait voir que toutes les erreurs de l'esprit ont leur source ou dans les passions, ou dans l'ignorance, soit de certains faits, soit de la vraie signification de certains mots. L'erreur n'est donc pas essentiellement attachée à la nature de l'esprit humain; nos faux jugements sont donc l'effet de causes accidentelles, qui ne supposent point en nous une faculté de juger distincte de la faculté de sentir; l'erreur n'est donc qu'un accident : d'où il suit que tous les hommes ont essentiellement l'esprit juste (1).

Ces principes une fois admis, rien

---

(1) On ne peut pas dire que les hommes n'ont pas l'esprit juste, en ce sens qu'ils voient ce qu'ils ne voient pas, mais en ce sens qu'ils ne voient pas comme ils devroient voir s'ils fixoient davantage leur attention, et s'ils s'appliquoient à bien voir les objets avant de prononcer sur ce qu'ils sont. Ainsi, juger n'est que voir ou sentir qu'un objet n'est pas un autre, ou sentir qu'une chose n'a pas avec une autre chose tous les rapports qu'on cherche ou qu'on suppose.

ne m'empêche maintenant d'avancer que *juger*, comme je l'ai déja prouvé, n'est proprement que *sentir*.

La conclusion générale de ce discours, c'est que l'esprit peut être considéré ou comme la faculté productrice de nos pensées, et l'esprit, en ce sens, n'est que sensibilité et mémoire; ou l'esprit peut être regardé comme un effet de ces mêmes facultés, et, dans cette seconde signification, l'esprit n'est qu'un assemblage de pensées, et peut se subdiviser dans chaque homme en autant de parties que cet homme a d'idées.

Voilà les deux aspects sous lesquels se présente l'esprit considéré en lui-même : examinons maintenant ce que c'est que l'esprit par rapport à la société.

FIN DU TOME PREMIER.

www.ingramcontent.com/pod-product-compliance
Lightning Source LLC
Chambersburg PA
CBHW071135160426
43196CB00011B/1899